Jörn Kreke

Die Douglas-Story – Handel mit Herz und Verstand

Ein Gespräch
mit Hugo Müller-Vogg

| Hoffmann und Campe |

1. Auflage 2010

www.hoca.de
Bildteil: Uwe Schedlbauer
Druck und Bindung: GGP Media GmbH, Pößneck
Printed in Germany
ISBN 978-3-455-50172-8

HOFFMANN
UND CAMPE

Ein Unternehmen der
GANSKE VERLAGSGRUPPE

Inhalt

Zu diesem Buch

Jörn Kreke war 29, als er den Chefposten bei der Hussel AG antrat – als damals jüngster Vorstandsvorsitzender einer deutschen Aktiengesellschaft. Am Ende seiner 32-jährigen Amtszeit war aus der Süßwarenkette Hussel mit ursprünglich etwa 40 Millionen Euro Umsatz und ohne nennenswerte Rendite der ertragsstarke Lifestyle-Konzern DOUGLAS HOLDING geworden – mit annähernd 20 000 Mitarbeitern, knapp 2,5 Milliarden Euro Umsatz und 1500 Geschäften in ganz Europa.

Ein so erfolgreicher Unternehmer kann viel erzählen. Und er hat viel zu sagen, was über den Tag hinausreicht. Das könnte er tun, indem er einen Autor anheuert, der ihm eine Lobeshymne schreibt. Zweite Möglichkeit: Unser erfolgreicher Manager nimmt sich einen Ghostwriter, der das Leben des heutigen Aufsichtsratschefs von Douglas in der Ichform wiedergibt.

Jörn Kreke hat sich für einen dritten Weg entschieden: Er erzählt seine Geschichte selbst – im Zwiegespräch mit dem Autor. So entstand kein Jubelbuch, weil „Mister Douglas“ genau das nicht wollte, dafür aber eine authentische Darstellung seines privat wie unternehmerisch ereignisreichen Lebens – so, wie er es sieht.

Dass Jörn Kreke auf dem Teppich geblieben ist, wurde mir bereits zu Beginn des ersten unserer zahlreichen Gespräche klar. Als ich so nebenbei bemerkte, er habe als einer der erfolgreichsten deutschen Einzelhändler aus der „Klümpkes-Bude Hussel“ einen internationalen Konzern gemacht, korrigierte er mich gleich zweimal. „Ein erfolgreicher Einzelhändler“ erschien ihm Lob genug und die „Klümpkes-Bude“ verbesserte er in „Klümpkes-Laden“. Denn gegen den Ruhrgebiets-Slang für „Süßwarenfachgeschäft“ hatte er keine Einwände. Aber die Bezeichnung „Bude“, das war aus seiner Sicht schlicht und einfach falsch.

Diese Haltung zog sich durch alle unsere Gespräche und schlägt sich nun auf den folgenden Seiten nieder. Ein Erfolgsunternehmer und leidenschaftlicher Einzelhändler erzählt seine Geschichte – selbstbewusst, aber uneitel.

Bad Homburg, im Januar 2010
Dr. Hugo Müller-Vogg

1.
Eine ungewöhnliche Familie

»Ich war von klein auf geprägt durch Herbert Eklöh«

Wer verstehen will, wie Jörn Kreke wurde, was er ist, der muss sich mit seiner Familie beschäftigen. Doch die Familienverhältnisse sind – zurückhaltend formuliert – kompliziert. Als Jörn Kreke geboren wurde, war seine Mutter Erne noch mit dem Arzt Bernd Kreke verheiratet. Sein Vater ist allerdings Herbert Eklöh.

Seit Jörn Kreke bei Hussel die Nachfolge Herbert Eklöhs antrat, haben die Medien über die Beziehung der beiden gerätselt. Eine beliebte Formulierung war, Kreke sei der Sohn der Lebensgefährtin Eklöhs, Erne Kreke. Häufig wurde Kreke auch als Stiefsohn Eklöhs bezeichnet, bisweilen auch als dessen Schützling. Über Eklöh hieß es mal, er sei Krekes Onkel, mal dessen Mentor.

Der „Spiegel" berichtete 1969 über Krekes Aufstieg an die Hussel-Spitze unter der Überschrift „Onkel, Onkel". Und schrieb, der alte Hussel nenne Kreke „der Einfachheit halber ‚Eklöhs Sohn'".

Im Gespräch mit Jörn Kreke fällt auf, dass er nie „mein Vater" sagt, wenn die Rede auf Herbert Eklöh kommt. Da spricht er lieber von Eklöh und besonders häufig von „Tom" oder vom „Senior". Bisweilen rutscht ihm sogar ein „Herr Eklöh" durch, weil in der Firma konsequent gesiezt wurde. Doch ob Senior, Tom oder Eklöh: Wenn der Sohn vom Vater spricht, ist die Bewunderung, ja Begeisterung unüberhörbar.

Auch wenn die Familienverhältnisse von außen gesehen unübersichtlich erscheinen, gibt es doch eine klare Linie: Der Handel liegt allen im Blut. Schon die Großeltern Eklöh waren erfolgreiche Geschäftsleute. Sie führten zu Beginn des 20. Jahrhunderts das damals wohl größte Lebensmittelgeschäft im Deutschen Reich: 500 Quadratmeter Verkaufsfläche mit 60 Verkäuferinnen in Mühlheim an der Ruhr. Die Eltern der Mutter betrieben in Neuenkirchen bei Oldenburg eine Molkerei. Seine Mutter Erne Kreke war im elterlichen Betrieb für die Finanzen zuständig.

Herbert Eklöh hatte im deutschen Lebensmitteleinzelhandel den Ruf eines Pioniers und Abenteurers: Als junger selbstständiger Kaufmann wurde er vom Kaufhof-Vorstand beauftragt, dessen Lebensmittelabteilungen auf Vordermann zu bringen; er eröffnete in Osnabrück nach amerikanischem Vorbild den ersten Selbstbedienungsladen Deutschlands, versorgte während des Krieges die Truppen im Osten so gut es ging mit Lebensmitteln, stieg in Kuba ins Supermarktgeschäft ein, eröffnete zu Beginn der Wirtschaftswunderjahre in Köln den ersten großen Lebensmittel-Supermarkt Europas, erwarb 1963 die Hussel AG und war bis 1969 ihr Vorstandsvorsitzender, experimentierte mit einem Selbstbedienungsrestaurant, feierte große Erfolge und musste bittere Niederlagen hinnehmen, weil er seiner Zeit – und dem Markt – bisweilen zu weit voraus war.

Eklöh war ein Mann, der kein Risiko scheute, der stets aufs Ganze ging: Sein Privatleben sprengte, selbst wenn man heutige liberale Maßstäbe anlegt, alle Konventionen. Er war ein Vollblutunternehmer und zugleich ein Hasardeur, er überwand eine lebensgefährliche Krebserkrankung, indem er seine Ernährung total auf Naturkost umstellte, erwarb mit 50 Jahren den Pilotenschein, überquerte am Steuerknüppel einer kleinen Propellermaschine viermal den Atlantik, war lebensfroh und zeitweilig sehr niedergeschlagen.

Seiner Autobiografie gab Eklöh 1978 den Titel „Tagebuch meiner Reinfälle“. Das war wohl typisch. Denn einerseits berichtet das Buch von zahllosen Erfolgen, andererseits klingt „Reinfälle“ nicht so streng und ernst wie „Niederlagen“. Dass so ein Vater den Sohn prägt, versteht sich von selbst.

Ihre Familienverhältnisse sind etwas kompliziert ...

... richtig.

Sprechen wir also zuerst über den Ehemann Ihrer Mutter, dessen Namen Sie ja tragen. Was hat Bernd Kreke beruflich gemacht?

Er war ein angesehener und beliebter Hausarzt, wurde bald nach der Hochzeit mit meiner Mutter zum Militär eingezogen, musste nach Stalingrad und ist erst Ende 1949 aus Russland in seine Heimat nach Neuenkirchen in Süd-Oldenburg zurückgekommen. Da war ich schon neun Jahre alt. Er hat schon bald darauf eine Praxis in Köln-Deutz eröffnet. Er war sympathisch, charmant und tüchtig. Für unsere Familie war er vor allem ein loyaler guter Freund, aber nicht der Leitwolf. Wir haben ja auch nie zusammengelebt.

Als er in Krieg und Gefangenschaft war, lebte meine Mutter mit meinem jüngeren Bruder Henning und mir bei ihren Eltern in Neuenkirchen. Deren Molkerei war damals so eine Art Sammellager für die Verwandten meiner Mutter. Wir sind dann 1952 in meine Geburtsstadt Köln zurückgezogen. Bernd Kreke hatte dort seine eigene Wohnung und hat uns des Öfteren in unserer Wohnung in Köln-Deutz besucht. Irgendwann haben sich meine Mutter und Bernd Kreke dann über eine Trennung verständigt und scheiden lassen. Bernd Kreke hat dann einige Zeit später eine sehr sympathische Dame mit zwei Söhnen geheiratet. Aus meiner Sicht hat es nie Spannungen gegeben, jedenfalls haben wir Kinder nichts davon mitbekommen.

Anfang der Fünfzigerjahre waren Scheidungen eher selten und nicht so gang und gäbe wie heute. Haben die Nachbarn da schief geguckt? Wie hat das auf Sie und Ihren Bruder gewirkt?

Das ist mehr oder weniger an uns vorbeigegangen, weil es in unserem Beisein nie Streit gab. Wir Kinder haben uns über die Familienverhältnisse keine Gedanken gemacht. Ich hatte Bernd Kreke als Kind gar nicht und als Jugendlicher nur selten gesehen, sondern bin im Umfeld von Herbert Eklöh aufgewachsen. Bernd Kreke war in jenen Jahren im Krieg beziehungsweise in Gefangenschaft. Als ich den ersten bewussten Kontakt mit ihm hatte, war ich schon fast zehn, und kurz darauf erfolgte bereits – völlig geräuschlos – die Scheidung. Trotzdem haben wir uns bestens verstanden – wir waren verlässliche Freunde.

Dafür war aber Herbert Eklöh da.

Für mich war er immer da, so lange ich zurückdenken kann. Ihn hat meine Mutter bald nach ihrer Hochzeit mit Bernd Kreke kennengelernt. Sie half damals ihrem Vater in der Molkerei, hat die Buchhaltung gemacht. Als in Osnabrück ein etwas hemdsärmeliger Lebensmittelhändler trotz mehrerer Mahnungen nicht zahlte, ist sie dorthin gefahren, um Dampf zu machen. Und hinter dem Schreibtisch saß Herbert Eklöh. Der hatte mehrere Einzelhandelsgeschäfte und 1938 in Osnabrück das erste Selbstbedienungsgeschäft in Deutschland aufgemacht. Sehr viel Erfolg hatte er damit nicht. Deswegen wurden auch die Rechnungen so schleppend bezahlt.

Er erzählte später immer mit glitzernden Augen, wie meine Mutter damals auf den Tisch gehauen hat. Da hat es bei ihm gefunkt. Schon bald darauf tauchte der unkonventionelle, leicht verrückte Eklöh zu Besuch in Neuenkirchen auf. Alle mochten ihn. Wenn er kam, war immer was los. Er faszinierte und begeisterte die Leute. Sogar meine konservativen Großeltern fanden ihn – trotz seiner schlechten Zahlungsmoral und der nicht gern gesehenen Liaison mit meiner Mutter – amüsant und gut.

Wusste Bernd Kreke eigentlich schon bei Ihrer Geburt, dass Sie nicht sein leiblicher Sohn waren?

Ich weiß es nicht, wir haben nie darüber geredet. Mein drei Jahre jüngerer Bruder ist auch ein Sohn von Herbert Eklöh. Der sieht ihm allerdings viel ähnlicher als ich.

Auf Ihrer Geburtsurkunde ist als Vater wohl Bernd Kreke eingetragen?

Ja. Dass Eklöh mein leiblicher Vater ist, das habe ich erst so mit 15 Jahren erfahren. Anfangs nannten wir ihn Onkel, später dann auf seinen Wunsch Tom – was auch gut zu ihm passte. Doch egal ob Onkel, Tom oder Vater, er war es, der mich prägte.

Bleiben wir zunächst noch bei dem Verhältnis Ihrer Mutter zu Herbert Eklöh. Das hätte ja nach der Scheidung legalisiert werden können.

Nein, das ging nicht. Er war schon verheiratet, als er meine Mutter kennenlernte. Doch seine Frau Ellie, mit der er in Hagen lebte, konnte keine Kinder bekommen. Herbert Eklöh liebte aber Kinder.

Deshalb hat er mehrere Kinder angenommen und zwei davon adoptiert. Sein Adoptivsohn Herbert Eklöh junior arbeitete viele Jahre mit mir bei Hussel zusammen. Er war etwa sieben Jahre älter als ich. Die kleine Adoptivtochter Helga ist in Dresden beim großen Bombenangriff umgekommen.

Die anderen Kinder wurden nicht adoptiert; einige tragen aber den Namen Eklöh. Wie das alles geregelt war? Keine Ahnung. Jedenfalls war Herbert Eklöh ausgesprochen kinderlieb. Er unterhielt auf seinem Grundstück in Dahl bei Hagen so eine Art gehobenes Kinderheim und fühlte sich seinen beiden leiblichen Söhnen in Köln engstens verbunden.

Dieses Doppelleben kann Ihrer Mutter ja wohl nicht gefallen haben?

Das kann man wohl sagen. Da flogen manchmal schon die Fetzen. Vor allem dann, wenn Herbert Eklöh – den wir seit Mitte der Fünfzigerjahre Tom nannten – von Köln zum Wochenende zu seiner Frau nach Hagen fuhr. In Köln hatte Tom 1954 ein Haus direkt am Rhein gekauft, am Oberländer Ufer. Das war unser richtiges Zuhause. Wir haben es bis nach dem Tod meiner Mutter im Jahr 2001 behalten.

Wenn Tom in Köln war, lebte er mit uns zusammen. In Hagen war und blieb er verheiratet. Für meine Mutter war Eklöhs Pendeln zwischen den zwei Familien in Hagen und Köln nicht einfach. Da kämpften bei ihr Herz und Verstand miteinander. Doch er hat das einfach so gemacht, und es hat ihn amüsiert, wenn er von ähnlichen Verhältnissen dieser Art hörte.

Trotzdem haben die beiden sich unglaublich gut verstanden. Meine Mutter hat ihn auf fast allen Reisen begleitet. Sie hat ihm zuliebe sogar Flugnavigation gelernt. Die beiden sind damals in diesen kleinen Maschinen gemeinsam überall in der Welt herumgeflogen – auch mehrfach über den Atlantik. Wir Kinder fanden das abenteuerlich und spannend.

Ihre Mutter war aus heutiger Sicht wohl eine moderne Frau?

Sie war lebenslustig und konsequent bei dem, was sie wollte, sonst hätte sie den Stress nicht durchgestanden. Sie nannte sich Kreke-Graf, fügte also ihren Mädchennamen an, was damals sehr selten war. Der Senior nannte sie von Anfang an „Gräfin". Sie war eine sehr starke Frau. Und immer schlank, flott und schick gekleidet. Darauf hat sie großen Wert gelegt. Diesbezüglich hatte sie sehr viel Ähnlichkeit mit meiner Frau.

Aber berufstätig war sie nicht?

Nein.

Und wovon hat sie damals gelebt? Hat Herbert Eklöh stets für den Unterhalt gesorgt?

Ob Eklöh das Leben finanziert hat oder ob meine Mutter Geld vom Molkereibetrieb ihrer Eltern bekam, weiß ich nicht. Ich kann mich aber noch daran erinnern, dass wir schon in unserer noch relativ kleinen Wohnung in Köln-Deutz eine Haushälterin hatten – es ging uns also recht gut.
Mein Bruder und ich wurden trotzdem finanziell knapp gehalten. Für einen besseren Haarschnitt gab es mal eine Mark extra. Aufs Geld wurde aber richtig aufgepasst. Das war genauso wie bei allen anderen in der Klasse.

Auf was hat Ihre Mutter bei Ihrer Erziehung besonderen Wert gelegt?

Damals auf dem Gymnasium in Köln-Deutz hatte man die meisten Freunde, wenn man ein schlechter Schüler war. Ich hatte viele Freunde. Deshalb musste sich meine Mutter viel um die Schulaufgaben und die Schule kümmern. Es war immer eine Riesenaufregung, ob ich nun versetzt wurde oder nicht. Die mittlere Reife habe ich nur bekommen, weil meine Mutter dem Klassenlehrer in die Hand versprach, dass ich danach die Schule verlasse. Der hat sich auf den Deal eingelassen.

Meine Mutter hatte also mit meinen Schulproblemen reichlich zu tun. Und sie hat sich intensiv bemüht, uns Anstand und Manieren beizubringen. Diesbezüglich wurden wir aber auch stark von Tom geprägt. Der war zwar immer locker, nett und charmant, machte aber trotzdem unmissverständlich klar, wo es langging. Die ganz normalen bürgerlichen Werte, die wurden bei beiden großgeschrieben.

Ihre Mutter hat Ihren beruflichen Werdegang aus nächster Nähe miterlebt. War sie stolz auf ihren Sohn?

Ja, sie fand das klasse. Sie freute sich zusammen mit Tom über ihre Söhne und deren Entwicklung. Und sie hat Druck gemacht, wenn es nicht so lief, wie sie es sich vorstellte.

Hätte die Mutter es nicht gern gesehen, dass Ihr Bruder Henning auch zu Hussel geht?

Meine Mutter hat sich nie dafür eingesetzt, dass ich zu Hussel gehe. Das kam von mir. Sie wollte, dass ich was Vernünftiges mache, und sie hätte auch alles andere mitgetragen. Einerseits fand sie meinen damaligen Umzug nach Hagen furchtbar, andererseits freute sie sich, dass Tom mir ein Angebot gemacht hatte. Es war reiner Zufall, dass Herbert Eklöh 1963, kurz nachdem ich mit dem Studium fertig war, Hussel kaufte und mir die Chance bot, als Assistent für ihn zu arbeiten.

Die Frage „Hussel" stellte sich also nicht für meinen drei Jahre jüngeren Bruder, weil der damals noch mitten in der Ausbildung steckte. Er war von Tom genauso begeistert wie ich und verstand sich auch mindestens genauso gut mit ihm, weil er nämlich im Gegensatz zu mir ein begeisterter Flieger war, mit Pilotenschein und allem drum und dran.

Henning hat sich beruflich anders entschieden. Er lebt heute in Nürnberg, besitzt die Firma „Village Cosmetics", die ihre eigenen Produkte sowie die von ihr entwickelten Eigenmarken an Warenhäuser, Drogeriemärkte und Parfümerien vertreibt – in kleinerem Umfang auch an Douglas. Wir verstehen uns bestens. Er ist seit vielen Jahren Mitglied unseres Aufsichtsrates.

Herbert Eklöh starb 1978 nach einem Unfall in Südfrankreich, seine Lebensgefährtin Erne Kreke 2001 in Köln. Beide wurden in Hagen in getrennten Gräbern beigesetzt. Anfang 2009 schaffte es Jörn Kreke, dass die sterblichen Überreste seiner Mutter in die Grabstätte von Herbert Eklöh umgebettet wurden. Das war nicht ganz einfach, denn Jörn Kreke konnte mit keinem einzigen amtlichen Dokument beweisen, dass er der gemeinsame Sohn ist.

Kommen wir zurück auf Herbert Eklöh. Der hat Sie ja wohl geprägt wie kein Zweiter.

Ja, von klein an. Er war für mich ein großes Vorbild und sagte, als es um meine Berufswahl ging, immer wieder: „Mensch, wenn du mal dasselbe machst wie ich, dann wirst du in dritter Generation Einzelhändler." Seine Eltern hatten schon vor dem Ersten Weltkrieg den damals größten Lebensmittelladen Deutschlands, sind dann aber in der Inflation 1922/23 total verarmt. Herbert Eklöh musste wieder bei null anfangen und auch noch seine Eltern unterstützen.

Auch sonst war ich in der Familie von Einzelhändlern umzingelt. Mein Großvater mütterlicherseits kam als das Jüngste von zehn Kindern von einem Bauernhof bei Kleve. Der Hof konnte nicht alle ernähren, und so machte er sich zunächst mit einem Lebensmittelladen in Homberg am Niederrhein selbstständig. Als er die Chance bekam, hat er Molkereiwirtschaft gelernt und eine kleine Molkerei in Neuenkirchen gekauft.

Er war ein Unternehmertyp, sehr kantig, redete manchmal drei Tage lang kein Wort. Vor ihm hatte ich großen Respekt. Als Kind bin ich gerne in der Molkerei dabei gewesen. Deren Hauptgeschäft war Buttern und die Herstellung von Milchpulver, deshalb hatten wir es nach dem Krieg in schwieriger Zeit etwas leichter als andere. Alle wollten Butter, und wir hatten Butter. Da blieb immer mal was übrig, auch zum Kungeln, und meine Mutter konnte das. Die Eltern von Bernd Kreke hatten eine Bäckerei mit angeschlossenem Ladengeschäft in Neuenkirchen. Da war ich natürlich auch sehr oft und „half" beim Backen und Verkaufen. Kaufmann spielen hat mir Riesenspaß gemacht.

Doch am meisten geprägt hat mich Herbert Eklöh, wohl auch weil er so faszinierend und lustig erzählen konnte. Er war ein Abenteurer, der sich in der Lebensmittelbranche einen Namen gemacht hatte. Er suchte immer neue Herausforderungen und scheute keine Risiken. Beispielsweise versorgte er 1955 eine große Ausstellung der Bundesrepublik Deutschland in Mexiko mit deutschen Lebensmitteln, weil kein anderer bereit war, dieses Lieferrisiko einzugehen. Verdient hat er nichts. Doch dafür kehrte er zu unserer Überraschung als Honorarkonsul von Mexiko nach Deutschland zurück.

Auf dem Rückweg von Mexiko hat er sich noch Kuba angeschaut und ist prompt auf die Idee gekommen, dort ein paar Supermärkte zu eröffnen. Gott sei Dank konnte er die, kurz bevor Castro an die Macht kam, an einen amerikanischen Konzern verkaufen, sodass ihm ein Fiasko erspart geblieben ist. Das alles war Abenteuer pur.

Für gute Freunde galt er seit dieser Zeit als „crazy Tom". Kein Wunder, dass mich dieses abenteuerliche Leben im Einzelhandel faszinierte und dass ich gern in diese Richtung gehen wollte. Deshalb habe ich auch sein Angebot, als Assistent für ihn zu arbeiten, als große Chance angesehen, weil ich wusste, dass ich von ihm als Vollblutunternehmer sehr viel lernen konnte. Das ging schon damit los, dass er Hussel ohne nennenswertes eigenes Geld kaufte, sondern fast vollständig mit Schulden finanzierte. Heute würde man sagen, er war total „over-leveraged".

War Eklöh eigentlich wohlhabend?

Nicht so richtig. Er war Lebenskünstler. Bei ihm ging es rauf und runter, auch nach dem wirklich guten Verkauf seines Lebensmittel-Filialbetriebs an die damals noch vier großen deutschen Warenhauskonzerne. Da hatte er ein richtig gutes Geschäft gemacht. Doch kurz darauf investierte er in eine innovative amerikanische Hubschrauberfirma und setzte das meiste wieder in den Sand. Die Helis sind nämlich wegen technischer Mängel nie zugelassen worden. Und schon war das schöne Geld wieder weg.

Das hat sich erst Mitte der Siebzigerjahre geändert, als es mit Hussel dank Douglas richtig aufwärtsging. Deshalb konnte er dann nach seinem Tod auch einiges vererben. Meiner Mutter hatte er das Haus in Köln überschrieben, und mein Bruder hat ein kleines Paket Hussel-Aktien bekommen.

Mir hatte er vorher schon gesagt, dass ich nichts bekommen würde. Das habe ich auch gar nicht erwartet, denn mir hat er die Chance meines Lebens gegeben. Er war der Meinung, ich könnte schon selber auf mich aufpassen. Das fand ich auch völlig in Ordnung.

Herbert Eklöh beschreibt am Schluss seiner Autobiografie seine Depressionen.

Depressiv? Das mag er an einem Tag gerade mal so empfunden haben. Das ist jedoch nie bis zu mir durchgedrungen, und ich war oft genug mit ihm zusammen. Aber ich kann verstehen, dass es Tage gab, an denen er vielleicht Angst hatte, dass er irgendwo wieder mal auf die falsche Karte gesetzt haben könnte. Doch selbst wenn er alles in den Sand gesetzt hätte: Herbert Eklöh hätte nie aufgegeben. Sein Prinzip war: Man darf sich nicht von Fehlschlägen unterkriegen lassen. Im Gegenteil: jetzt erst recht! Das offene Reden über Fehlentscheidungen war eine seiner besonderen Stärken. Das prägt unsere Firmenkultur bis heute und gehört für mich zum Vermächtnis Herbert Eklöhs.

In dem Buch nennt Eklöh Sie nur „Mike"?

Ja, aber nicht nur er, viele nennen mich so. Als ich mit 16 nach Amerika geschickt wurde, war die Familie sich einig, dass ich mit dem Vornamen Jörn dort nicht klarkomme: „Das kann kein Mensch drüben aussprechen, mach' mal Vorschläge." So kam es zu Mike. Für alle, die mich aus der Amerikazeit kennen, bin ich bis heute Mike.

Herbert Eklöh war ein begeisterter Flieger. Hat er nie versucht, Sie fürs Fliegen zu begeistern?

Fliegen, das war die Welt des Seniors. Manchmal verließ er mitten in einer Besprechung den Raum und sagte zu den erstaunten Teilnehmern, das Wetter sei so schön, er gehe jetzt fliegen. Natürlich wollte er auch mich dafür begeistern. Aber ich hatte überhaupt keinen Spaß daran. Zwar habe ich mal angefangen, den Pilotenschein zu machen. Doch irgendwann geriet ich beim Training ins Trudeln. Wie durch ein Wunder fing sich die Maschine ohne mein Zutun von ganz alleine.

Danach hatte ich restlos genug davon. Ich bin gern auf dem Wasser, aber nicht in der Luft. Wenn es da oben anfängt zu wackeln, fühle ich mich nicht wohl. Auch jetzt fliege ich noch ungern, obwohl es sich geschäftlich und privat nicht vermeiden lässt – doch möglichst nur in großen Jets.

Sie haben öffentlich noch nie von Herbert Eklöh als Ihrem Vater gesprochen. Warum eigentlich?

Ganz früher war er der Onkel, nachher war er Tom für mich. Später im Geschäft habe ich nur vom Senior geredet. Ich habe ganz bewusst vernebelt, dass er mein Vater war. Familienverhältnisse wie bei uns waren früher ja auch eher die Ausnahme. Die wollte ich eigentlich niemandem groß und breit erklären müssen. Mein Bruder und ich haben das damals zur Kenntnis genommen – und das war's.

2.
Vom Schulabbrecher zum Doktor ohne Abitur

»Als Schüler hatte ich nur einen Gedanken – schnell raus hier«

Bei Kriegsende war Jörn Kreke fünf Jahre alt. Er hatte Glück gehabt: Bombennächte blieben ihm erspart, da die Mutter mit ihren beiden Söhnen bei den Großeltern untergekommen war. Neuenkirchen im oldenburgischen Niedersachsen gehörte nicht zu den strategischen Zielen der Alliierten. Nur bei Eisenbahnfahrten wurde der Junge ab und zu mit den Schrecken des Krieges konfrontiert, wenn der Zug bei einem Tieffliegerangriff auf offener Strecke hielt und alle die Waggons verlassen mussten.

Das Leben bei den Großeltern erwies sich noch aus einem zweiten Grund als Glücksfall: In der Molkerei gab es Butter, gerade in den ersten Nachkriegsjahren eine heiß begehrte Ware. Den Großeltern und der Mutter ging es also wirtschaftlich recht gut.

1952 zog die Mutter mit ihren Söhnen zurück nach Köln und wohnte zunächst im Stadtteil Deutz. Für Jörn Kreke war diese Großstadt zweifellos spannender als das beschauliche Neuenkirchen. Dass Köln sieben Jahre nach dem Krieg noch immer schwer gezeichnet war, störte ihn nicht. Als Zwölfjähriger nimmt man das Leben, wie es ist. Und Trümmer waren für die Buben damals genauso aufregend wie die sogenannten Abenteuerspielplätze, auf denen sich heute ihre Enkel austoben.

Bald erwarb Herbert Eklöh für sich, seine Lebensgefährtin und seine beiden Söhne eine Villa in bester Lage am großbürgerlichen Oberländer Ufer. Dort wohnte man besser als in Deutz; das Leben war angenehm. In der Domstadt betrieb „Tom“ mehrere Lebensmittelgeschäfte, in denen sich Jörn Kreke gerne aufhielt und schon als Pennäler bisweilen mitarbeitete. Das Leben war alles in allem schön und abwechslungsreich. Langweilig war nur die Schule; zum Lernen hatte Jörn Kreke einfach keine Lust. Die verließ er dann mit der mühsam erlangten mittleren Reife. Das war 1956. Dass Jörn Kreke neun Jahre später an der Universität Frankfurt zum Dr. rer. pol. promoviert werden würde, das hätten wohl weder seine Eltern noch seine Lehrer vorherzusagen gewagt.

Dass Sie nicht gerne in die Schule gingen, haben Sie schon erzählt. Was haben Sie denn so getrieben als Teenager?

Ich hatte damals, als ich noch in Köln war, also bis zum Alter von 16 Jahren, mehrere gute Freunde. Wir haben gemeinsam Tennis gespielt, sind im Rhein geschwommen, haben uns gegenseitig besucht. Partys waren für uns zu der Zeit noch nicht angesagt. Wir mussten abends früh zu Hause sein. Meine Mutter schaute sehr nach dem Rechten. Und natürlich ging ich in die Tanzstunde.

Mit Krawatte und Antrittsbesuch bei den Eltern der Partnerin beim Abschlussball?

Krawatte? Das weiß ich nicht mehr. Aber an den Besuch bei der Familie Rosen in Köln-Mülheim mit ihrer hübschen Tochter Marlies kann ich mich noch gut erinnern.

Angeblich wussten Sie schon als Kind, dass Sie später das machen wollten, was „Onkel Herbert“ machte.

Genau so war's, und weil Tom mit der mittleren Reife die Schule verlassen hatte, wollte ich auch so schnell wie möglich raus aus der Schule und in den Handel. Deshalb habe ich sofort nach der mittleren

Reife 1956 in einem Eklöh-Supermarkt auf der Severinstraße in Köln als Obstverkäufer angefangen. Es war ein besonders gut geführter Laden. Für mich waren das prägende Erlebnisse an der Verkaufsfront. Es hat mir Riesenspaß gemacht. Ich habe von morgens bis abends geschuftet, bin häufig schon um 5:30 Uhr in der Früh mit unserem cleveren Obst- und Gemüseeinkäufer Hubert Kuhn zum Großmarkt gefahren. Da habe ich enorm viel gelernt, weil nämlich das, was wir morgens auf dem Großmarkt eingekauft hatten, möglichst noch am selben Tag verkauft werden musste. Samstags kurz vor Ladenschluss wurde es richtig ernst; dann mussten alle Reste weg. Ich bekam dann von Hubert Kuhn einen Stand auf der Severinstraße vor unserem Laden zugewiesen und musste lautstark die Ware anpreisen.

Da merkte ich recht bald, dass ich am besten ankam und am meisten verkaufte, wenn ich lachte, fröhlich war und lustige Sprüche machte – natürlich auf Kölsch. Wenn beispielsweise die Bananen wegmussten, pries ich sie als „butterweich" an. Die Leute amüsierten sich und kauften. Schon damals – mit 16 – hat mir das Verkaufen, das Handeln, der Umgang mit Menschen Spaß gemacht. Und dabei ist es geblieben. Handel ist eben auch eine Portion Showgeschäft, die Kunden wollen unterhalten und angeregt werden. Niedrige Preise sind nur die eine Seite der Medaille.

Hubert Kuhns und meine Wege haben sich übrigens rein zufällig immer wieder gekreuzt. Zunächst in Amerika, wo er mich in den Publix-Supermärkten in Florida mit dem Obstverkauf in Selbstbedienung vertraut machte. Dann tauchte er plötzlich als Betriebsleiter bei Hussel auf, später war er Vertriebsleiter bei unserem Lebensmittel-Discounter Kupa und dann auch noch bei unseren Drogeriemärkten. Zum Ende seiner Handelskarriere hat er mich als gewählter Vertreter der leitenden Angestellten im Hussel-Aufsichtsrat „überwacht".

Doch die Severinstraße war von Anfang an als befristete Tätigkeit gedacht, weil Tom der Meinung war, ich sollte in Amerika auf einer Highschool Englisch lernen. Auch meine Mutter fand das gut, denn viel mehr als ein paar Brocken Schulenglisch konnte ich nicht. Also ging ich im Herbst 1956 in die USA. Als es dann auf der Schule überraschend gut lief, meinten beide, ich sollte dort zwei Jahre bleiben und einen Highschool-Abschluss machen.

Der Besuch einer amerikanischen Schule war damals ja eine recht kostspielige Angelegenheit.

Soweit ich weiß, hat Tom das bezahlt. Allerdings war die „Montverde School" in Florida keines dieser teuren exklusiven Internate, sondern eher eine Art Landschulheim. Bei einem Dollarkurs von 4,20 Mark war sie für Deutsche dennoch sehr teuer. Deshalb war ich zu dieser Zeit auch der einzige Deutsche dort. 60 Prozent der Schüler waren Amerikaner, der Rest kam aus Mittel- und Südamerika. Das Internat wurde von dem etwas bärbeißigen, außerordentlich konsequenten Direktor Henry D. Roberts geführt, der sehr darauf achtete, dass alle viel lernten und arbeiteten. Er führte die Schule mit straffer Hand.

Ich merkte ganz schnell, dass man dort – anders als in Köln – nicht dann die meisten Freunde hatte, wenn die Noten schlecht waren, sondern umgekehrt. Schon nach kurzer Zeit sagte mein „Roommate" zu mir: „Ich dachte, alle Deutschen sind smart – what happened to you?" Ich sei, nach meinen schulischen Leistungen zu urteilen, eher das Gegenteil von „smart". Das hat gesessen, also habe ich mich reingehängt und angefangen, richtig zu lernen.

Sie haben also an einer amerikanischen Highschool das Lernen gelernt und Spaß daran gehabt?

Richtig. Die Amerikaner haben eine Art, junge Leute zu führen und zu begeistern, wie das in Deutschland nicht üblich ist.

Jeder erhält seine Chance. Und wenn's dann nicht so läuft, wird man nicht sofort als Versager abgestempelt. Stattdessen gilt die Philosophie: Jeder hat irgendeine Fähigkeit oder Begabung – und die gilt es zu entdecken und zu fördern. Für mich waren das prägende Erlebnisse.

Sie sind mit 16 von zu Hause weg, kamen fünf Jahre lang nur noch zu Besuch nach Köln. War das nicht manchmal hart?

Überhaupt nicht. Mir ist damals schlagartig bewusst geworden, dass ich auf mich allein gestellt bin und irgendwie selber zurechtkommen muss. Wenn ich in Köln geblieben wäre, hätte ich womöglich gedacht, alles kommt von ganz alleine oder fällt einem so zu. Das wäre total verkehrt gewesen. In Amerika ist Wettbewerb angesagt, und man wird, wenn man mitmacht, anerkannt und gefördert.

Sie kamen 1956 aus Deutschland nach Amerika. Zu Hause waren die Städte noch vom Weltkrieg gezeichnet, gerade das zerbombte Köln. Wie haben da die USA auf Sie gewirkt?

Nicht sonderlich aufregend. Die Highschool in Montverde lag mitten zwischen Orangenhainen in Florida. Das war wie in einem Dorf im ländlichen Oldenburg. Ab und zu fuhren wir mit dem Bus in die nächstgelegene Stadt, nach Orlando. Im Vergleich zu Orlando war Osnabrück eine riesige Großstadt – Disneyland gab es ja noch nicht. Central Florida war 1956 eher eine kleine heile Welt, sicher und übersichtlich.

Die mittlere Reife nur mit Mühe und Not geschafft und zwei Jahre später zu einer amerikanischen Uni …

… ganz so schnell ging es dann doch nicht. Nach meinem Highschool- Abschluss 1958 habe ich als Assistent bei Mr. Paul K. Halstead angeheuert, einem deutschstämmigen Juden. Seine Familie besaß vor dem Krieg einen Lebensmittel-Filialbetrieb in Frankfurt und ist dann notgedrungen in den Dreißigerjahren nach Amerika ausgewandert.

Sohn Paul hat später sein eigenes Beratungsunternehmen, „P. K. Halstead Associate Supermarket Consultants“ in New York und Brüssel gegründet. Aus irgendwelchen Gründen kannten sich Paul Halstead und Herbert Eklöh. Eklöh hatte ihm wohl seine ersten Aufträge in

Deutschland vermittelt und ihn gebeten, bei der Eröffnung seines ersten Supermarktes in der Rheinlandhalle – einer früheren Radrennhalle in Köln-Ehrenfeld – zu helfen.

Halstead beriet damals große Lebensmittelunternehmen in Europa bei der Einführung von Supermärkten, und ich sollte mitarbeiten und gleichzeitig lernen, nach dem Motto „learning by doing“. Ein großes Projekt war zum Beispiel die Eröffnung neuer großer SB-Lebensmittelabteilungen, einschließlich der ersten SB-Fleischabteilungen in den Horten-Warenhäusern. Das war in Deutschland Neuland, denn die Integration von Frischfleischabteilungen in Lebensmittelmärkte war bis dahin gesetzlich verboten.

Halstead war ein Handelsprofi durch und durch. Mit ihm bin ich viel herumgekommen, zum Beispiel bei den Filialbetrieben Delhaize und Grand Bazar in Belgien, bei Ahold in Holland, bei Latscha und Horten in Deutschland. Bei ihm habe ich den Handel von der Pike auf gelernt. Halstead wollte, dass ich möglichst schnell viel lerne, damit ich dieses Wissen dann als Junior-Berater an seine Kunden gegen „Berechnung“ weitergeben konnte.

Halstead übertrug mir schon als damals 19-Jährigem viel Verantwortung. Wenn es mal irgendwo nicht so klappte, wie er wollte, war sein Standardspruch: „Mike, go and get it done!“ Und wehe ich kam unverrichteter Dinge zurück. Paul Halstead war sicher das zweite große Vorbild für mich nach Eklöh.

Wie kam es dann, dass Sie noch an die Uni gegangen sind?

Nach gut einem Jahr sagte Halstead zu mir, ich hätte jetzt bei ihm die Praxis kennengelernt. Aber es fehlten noch die theoretischen Kenntnisse der größeren Zusammenhänge. In Amerika wären zwei Hochschulen, Cornell und Michigan State, die ein einjähriges Spezialprogramm in „Food Distribution“ für angehende Führungskräfte anböten. Er empfahl mir nachdrücklich, an einer dieser Hochschulen zu studieren. Ich bewarb mich an der Michigan State University und durfte im September 1959 dort antreten. Es war eine Riesenuniversität mit damals schon mehr als 20 000 Studierenden. Da war ich dann wieder eine ganz kleine Nummer mit null Ahnung, wie es an so einer Uni läuft.

Aber ich hatte Glück und lernte schnell meine Professoren kennen. Das waren Top-Leute, von denen mehrere jahrelang Handelsunternehmen geleitet hatten, Spaß an der Wissenschaft hatten und ihre Erfahrungen an der Hochschule an junge Leute weitergeben wollten. Zwischen diesen Professoren und uns Studenten herrschte eine ganz andere Art des Umgangs als zu damaligen Zeiten in Deutschland. Die luden uns zu Gesprächen, Betriebsbesichtigungen und Abendessen ein. Das alles war für uns hochgradig motivierend. Man arbeitete und lernte wie verrückt.

Sie haben in Michigan sicher nicht nur studiert.

Für Partys hatte ich nur selten Zeit. Die meisten meiner Kommilitonen in diesem Spezialprogramm waren verheiratet, hatten Firmen-Stipendien und wollten sehr schnell sehr viel lernen. Da war vom ersten Tag an Wettbewerb angesagt, und auch die Professoren fühlten sich gefordert. Hinzu kam, dass Alkohol damals in Michigan erst ab 21 Jahren erlaubt war. Ich musste also schwer aufpassen, dass ich als Ausländer nicht in irgendeiner Form mit dem Gesetz in Konflikt geriet und auf der Hochschule Probleme bekam. Das wäre gegenüber dem Senior und Paul Halstead nicht fair gewesen.

Amerikanische Uni ohne Sport, das geht doch gar nicht, oder?

Natürlich ging man samstags als Zuschauer zum Football oder Basketball. Selber aktiv Sport getrieben habe ich nicht, dafür fehlte die Zeit. Interessant fand ich aber, was für einen hohen Stellenwert Sport an den amerikanischen Universitäten hat. Die Top-Athleten waren bestaunte und bewunderte VIPs.

Sprechen wir über Ihr Studium.

Das nahm eine ganz überraschende Wendung, weil der damalige hoch angesehene Präsident der Universität, John A. Hannah, sich für die akademischen Top-Studenten interessierte und diese in ein sogenanntes „Honor's College" eingeladen hat. Das war so eine Art internes Förderprogramm für Top-Studenten, das es inzwischen an den meisten großen amerikanischen Staatsuniversitäten gibt. In Michigan State mussten alle Studenten nach jedem Trimester Prüfungen absolvieren. Wenn die aufgelaufene Durchschnittsnote dann nach einem Jahr besser als 1,5 war, wurde man in dieses „Honor's College" eingeladen und blieb drin, es sei denn, der Notendurchschnitt verschlechterte sich.

Zu diesen Studenten hielt der Präsident persönlichen Kontakt. Er wollte sicher sein, dass das „Honor's College" tatsächlich so funktionierte, wie er es beabsichtigt hatte – nämlich einen kleinen Kreis von Top-Studenten zu Höchstleistungen zu motivieren, indem er ihnen Privilegien einräumte, die andere nicht hatten. Zum Beispiel konnten wir jedes Seminar belegen, ganz gleich, wie lang die Warteliste war. Wir konnten Prüfungen in Abstimmung mit den Professoren früher ablegen als vorgesehen. In der Bibliothek gab es eine HC-Lounge und so weiter. Die „Honor's College"-Studenten wurden wie die allseits hofierten Top-Sportler auf jede nur denkbare Art gefördert, aber auch gefordert.

Und Sie wurden motiviert, länger zu studieren?

Ich hatte das große Glück, da reinzurutschen, und traf dann sehr bald mit renommierten Hochschullehrern zusammen. Zwei von ihnen, die Ökonomie-Professoren Walter Adams und Herbert Kisch, ursprünglich aus Wien beziehungsweise Prag, freuten sich darüber, mit mir ab und zu mal deutsch sprechen zu können. Sie schlugen vor, ich sollte im Rahmen des „Honor's-College" einen „Master" in „Economics" machen, um auf einem breiteren Fundament zu stehen. Aus meiner Sicht war daran gar nicht zu denken, weil es viel länger dauern würde und auch zu teuer wäre. Deren Antwort: „Das kriegen wir schon hin. Wenn Sie dranbleiben, können Sie Ihr Studium in gut zwei Jahren abgeschlossen haben."

Ende 1961 hatte ich dann nach nur zweieinhalb Jahren den „Master“ in Wirtschaftswissenschaften erworben und wollte zurück in die Praxis. Doch dann schlugen mir die Herren Professoren ganz überraschend vor, ich solle doch möglichst auch noch promovieren. Wenn ich nach Deutschland zurückwollte, dann könne ich den Doktor auch in Deutschland machen. Warum diese beiden emigrierten jüdischen Professoren mich so förderten, grenzt für mich an ein Wunder.

Ein Doktortitel ohne Abitur?

Deshalb hielt ich deren Idee auch für völlig utopisch. „Das sehen Sie völlig falsch“, hieß es. „Wir kennen einige hoch angesehene deutsche Professoren. Wenn Sie promovieren möchten, schreiben wir denen ein paar Empfehlungsbriefe.“ Kaum war ich zurück in Deutschland, haben mich die Professoren Erich Schneider in Kiel und Fritz Neumark in Frankfurt zu Gesprächen empfangen. Die amerikanischen und deutschen Professoren waren offensichtlich bestens miteinander bekannt und vernetzt.

Das waren ja zwei Top-Adressen: Erich Schneider war Chef des „Instituts für Weltwirtschaft“ in Kiel, und Fritz Neumark war ein hoch angesehener Finanzwissenschaftler in Frankfurt.

Beide waren bereit, mich als Doktoranden zu akzeptieren. Professor Schneider war ein international angesehener Weltwirtschaftstheoretiker, der mir ein mathematisch orientiertes Thema vorschlug, was mir allerdings nicht besonders lag. Deshalb entschied ich mich für Professor Neumark. Der war zugleich Berater der EWG-Kommission in Brüssel für Fragen der Steuerharmonisierung. Er schlug mir vor, ein Praktikum bei der EWG-Kommission zu machen und über ein EWG-Steuerthema zu promovieren.

Das begründete er so: „Wenn Sie später Karriere machen wollen, müssen Sie auch mal in der Verwaltung gearbeitet haben. Sie könnten dabei ein zurzeit aktuelles Thema bearbeiten: die Harmonisierung der Mineralölsteuern in der EWG.“ Das alles faszinierte mich. Und so ging es vielen meiner Altersgenossen. Die Europa-Begeisterung war enorm. Alle wollten mitmachen. Ich auch, und ich sagte sofort zu.

Einige Wochen später, nachdem er in Brüssel alles geklärt hatte, rief Professor Neumark an und sagte, er habe eine schlechte und eine gute Nachricht. Die schlechte Nachricht: Die Promotionsordnung der Universität Frankfurt schreibe das große Latinum als Voraussetzung für die Promotion vor. Die gute Nachricht: Er, Neumark, sei gerade zum Rektor der Universität gewählt worden und werde bei dem ihm gut bekannten Kultusminister eine Sondererlaubnis für mich erbitten. Das hat zu meiner großen Überraschung auch geklappt!

Sie haben dann über „Die Harmonisierung der Mineralölsteuern in der EWG" promoviert. Hätte nicht ein Handelsthema näher gelegen?

Das finanzwissenschaftliche Thema war Neumarks Wunsch. Ich hatte Volkswirtschaft studiert, wusste, worauf ich mich einließ, und bekam zudem die Möglichkeit, eine Zeit lang in einer europäischen Behörde mitzuarbeiten. Das hat mich gereizt.

Sie sind ja alles andere als der klassische Akademiker. Ging es bei der Promotion für Sie in erster Linie um den Titel und weniger um wissenschaftliche Erkenntnis?

Das will ich so nicht sagen. Ich dachte, bei Neumark kann ich neben meiner wissenschaftlichen Arbeit noch lernen, was sonst nicht möglich ist, nämlich Erfahrungen in der europäischen Verwaltung zu sammeln und im ganz kleinen Rahmen, aber mit Riesenbegeisterung am Aufbau eines gemeinsamen Europa mitzuwirken. Promotion und EWG, das waren „mehrere Fliegen mit einer Klappe". In Brüssel traf ich auf viele hoch motivierte Leute, die ähnlich dachten. Darunter auch eine größere Gruppe von Europa-begeisterten jungen Deutschen, so übrigens auch meine späteren unternehmerischen Weggefährten Klaus-Dieter Huth und Wolfgang Thomanek, die genau wie ich vom Bazillus „gemeinsames Europa" infiziert waren.

Mit beiden habe ich später jahrzehntelang eng zusammengearbeitet. Huth traf ich durch Zufall im Theater in Hamburg wieder. Zu der Zeit brauchte ich dringend einen cleveren Anwalt, der uns zermürbende Wettbewerbsprozesse von Tchibo und Eduscho vom Hals hielt. Huth traute sich das zu und wurde mein juristischer Berater und unternehmerischer Partner.

Wolfgang Thomanek ist einige Jahre nach unserer Brüsseler Zeit zunächst als Justiziar und später als Vorstand für Personal- und Rechtsangelegenheiten bei Hussel/Douglas höchst erfolgreich tätig gewesen. Mit beiden bin ich bis heute eng befreundet. Das alles waren äußerst positive Nebeneffekte von Brüssel. Aber natürlich habe ich mich auch über meinen Doktortitel gefreut.

Sie erwähnten mehrfach, dass der Faktor Glück auf Ihrem Lebensweg eine große Rolle gespielt hat. Ihre Karriere war ja so nicht geplant. Wie wäre es weitergegangen, wenn es mit der Promotion nicht geklappt hätte?

Ich wäre nach dem Studium vermutlich noch mal bei Halstead als Unternehmensberater eingestiegen und wäre dann bestimmt irgendwann bei einem Handelsunternehmen gelandet; vielleicht auch bei Hussel. So genau kann man das hinterher nicht wissen.

Der lustlose Schüler aus Köln hat also in Amerika richtig gearbeitet. Ihre Erfolge sind Ihnen ja sicher nicht zugeflogen.

So ist es – ich habe hart gearbeitet, aber auch gerne, weil es Spaß machte. Meine amerikanischen Lehrer haben es verstanden, mich zu Leistungen zu motivieren, die ich mir selbst nicht zugetraut habe. Zudem wollte ich meine Eltern und Förderer nicht enttäuschen.

Stellen Sie sich mal vor, das liest ein Enkel oder eine Enkelin mit Problemen in der Schule. Die könnten dann sagen: „Man muss ja in der Schule gar nichts tun. Das kann man alles später nachholen, so wie der Opa."

Kann sein. Bei mir hat sich das in der Tat so entwickelt. Das sind so Zufälle. Aber empfehlen würde ich den Enkeln, dass sie möglichst vorher schon die Kurve kriegen. Wenn man auf Lehrer trifft, die einen motivieren, wird es einfacher. Ich hatte jedenfalls auf dem Gymnasium in Köln-Deutz nur einen Gedanken: möglichst schnell hier raus und praktisch arbeiten.

In Amerika drehte sich das auf einmal. Da bekam ich an der Michigan State University sogar an Philosophie Spaß – einfach deshalb, weil einer meiner Professoren mich aufforderte, doch an dem Ethik-Seminar von Professor Taylor teilzunehmen. Der sei soeben von den Studenten zum besten „Teaching Professor" der Hochschule gewählt worden. Deshalb müsse man den auch mal erleben. Das war dann in der Tat ein nachhaltiges Erlebnis, und die Wahl des Professors, mit all den dazugehörigen Ehrungen und Privilegien, zeigte auch, dass die Lehre an den amerikanischen Hochschulen einen mindestens ebenso hohen Stellenwert hat wie die Forschung.

Was hat Sie in Ihrer Michigan-Zeit mehr interessiert: das anwendbare Wissen oder die Theorie?

Mathematisch ausgerichtete Vorlesungen und Seminare mochte ich nicht. Um Statistik zum Beispiel habe ich einen Bogen gemacht. Andererseits hatte ich immer Spaß am Kopfrechnen. Wenn mir ein Blatt mit betriebswirtschaftlichen, praxisnahen Zahlen vorgelegt wird, sehe ich meistens sofort, ob das plausibel ist oder nicht. Doch abgesehen von stark mathematisch orientierten Fächern fand ich Theoriediskussionen, zum Beispiel über wirtschaftspolitische Fragen und Handlungsoptionen, faszinierend. Das hing natürlich auch ganz unmittelbar mit der Motivations- und Kommunikationsfähigkeit der Professoren zusammen.

3.
Vater, Mutter und drei Kinder

»In meiner eigenen Familie
wollte ich klare Verhältnisse«

Solange Söhne klein sind, wollen sie werden wie ihre Väter. Sobald sie groß sind, tun sie es auch – oder sie rebellieren und tun genau das Gegenteil. Beides trifft bei Jörn Kreke zu. Das Einzelhandels-Gen hat er von Herbert Eklöh geerbt; er hat dieses Erbe genutzt und gemehrt. Beruflich gilt in der Familie Eklöh-Kreke also: Wie der Vater so der Sohn. Nur dass der Sohn geschäftlich viel erfolgreicher war.

Das Privatleben verlief bei Sohn Jörn dagegen ganz anders als beim Senior. Der Faszination Fliegen konnte er, anders als sein Vater und seine Mutter, nichts abgewinnen. Auch in der Liebe flog Jörn Kreke keine Loopings. Sein eigenes Familienleben verlief vielmehr grundsolide, aber sicher nicht weniger glücklich: Heirat mit 24 Jahren im Jahr 1964. Ein Jahr später kommt Sohn Henning Kreke zur Welt, es folgen die Töchter Jacqueline Kreke (1966) und Nathalie Kreke (1970). Vor allem aber: Ende 2011 werden Jörn Kreke und seine Frau Gisela 50 Jahre zusammen sein.

Bekanntlich gibt es im Leben eines Menschen zwei ganz zentrale Entscheidungen: die Wahl des Berufes und die Wahl des Partners beziehungsweise der Partnerin. Jörn Kreke hat zweimal richtig gewählt.

Sie haben sich mit 22 Jahren verlobt und mit 24 Jahren geheiratet, also relativ früh. Die Auserwählte war weder das „Highschool-

Sweetheart" noch die große Uni-Liebe. Aber ich kann mir nicht vorstellen, dass Sie in Amerika nur studiert haben.

Das sicher nicht. Doch als ich das Studium in Michigan im Dezember 1961 beendet hatte, war ich froh, dass es mir gelungen war, keine dauerhafte Liaison einzugehen. Ich hatte nämlich mit meinem Freund Jürgen Stindt vom Gymnasium in Köln-Deutz eine Wette laufen. Verlierer würde sein, wer vor 30 heiratet. Aus Amerika zurück, sah es so aus, als könnte ich die Wette gewinnen. Doch dann drehte sich das.

Da muss also der Blitz eingeschlagen haben …

Ja, und zwar an Silvester 1961. Als ich als frisch gebackener „Master of Arts" kurz vor Weihnachten aus Michigan zurück nach Köln kam, hatte ich eine Gruppe amerikanischer Studienfreunde eingeladen mitzukommen. Silvester feierten wir zusammen bei meiner Mutter am Oberländer Ufer, bis dann einer fragte, ob man denn hier in Köln auch was erleben könne.

Wir gingen also ins volkstümliche „Weindorf" am Friesenplatz. Und da war richtig was los! Meine Mutter war dabei. Wir sitzen da, es war kurz nach zwölf, da kommt eine zauberhafte junge Frau rein mit einer etwas älteren Dame, ihrer Mutter, setzt sich an den Nebentisch und ist sogleich umzingelt von irgendwelchen Typen. Ich denke, die könnte dir gefallen. Aber mir fiel nichts ein, wie ich an die junge Dame herankommen konnte.

Gott sei Dank hatte ich meinen humorvollen amerikanischen Freund Jim dabei. Er war ein Typ, der mit viel Charme jede überzeugen konnte. Doch zunächst tat sich gar nichts, außer dass er es irgendwann geschafft hatte, die Mutter zum Tanz aufzufordern. Als er dann endlich den Kontakt zu ihrer Tochter Gisela hergestellt hatte, zeichnete sich Krawall ab mit den anderen Verehrern. Und wir beschlossen, mit Gisela abzuhauen. Doch die protestierte: „Nicht ohne meine Mutter."

Also gingen wir dann alle zusammen in die kleine intime Chateau-Bar in der Nähe des Doms. Jim überschüttete Gisela mit seinem Charme. Als Krönung fragte er sie auch noch, ob ihr schon jemals jemand in der Öffentlichkeit ein Ständchen gebracht habe. Nein? Jim ging prompt auf die Bühne, sprach mit dem Pianisten – und sang! Und er konnte wirklich singen.

Gisela war begeistert. Ich sah meine Felle davonschwimmen. Alles lief in die falsche Richtung. Jim und ich brachten Gisela und ihre Mutter dann in meinem uralten VW gegen drei Uhr nachts nach Hause. Ich versuchte, mit ihr zu flirten, um ihr zu signalisieren, ich sei auch interessiert. Sie hat wohl auch ganz vage etwas gemerkt, aber so richtig geklickert hat es da noch nicht.

Meine Mutter hatte die US-Gäste alle zu einer Berlin-Reise eingeladen, die am nächsten Tag losgehen sollte, doch Jim wollte auf einmal nicht mehr mit. Nur mühsam konnte ich ihn überreden, doch nicht wegen eines Mädchens, das er gerade erst kennengelernt hatte, so ein Highlight seiner Europareise auszulassen. Die Folge war, dass Gisela nun von zwei Verehrern Postkarten aus Berlin erhielt und gespannt war, wie es weitergehen würde.

Jim musste ja sicher wieder nach Michigan zurück. Der schied also als Konkurrent aus.

Ja, so war es. Als wir aus Berlin zurück waren, haben wir alle zusammen noch einen netten gemeinsamen Abend mit Gisela verbracht, dann war Jim weg. Leider hat er ihr noch erzählt, sie sollte sich vor mir in Acht nehmen, denn ich hätte meistens mehrere Freundinnen und würde die Mädchen nach einer Anfangsphase der Begeisterung immer sehr schnell wieder fallen lassen. Als ich sie ein paar Tage später einlud, mit mir auszugehen, reagierte sie verständlicherweise sehr reserviert. Jims Warnungen hatten gewirkt.

Ich musste mir also was einfallen lassen und lud sie deshalb kurz darauf noch einmal in die gemütlich-kuschelige Chateau-Bar ein.

Ganz vorsichtig und sehr glaubhaft beichtete ich ihr, dass ich eine Freundin hätte. Es handele sich um eine hübsche und sehr charmante Generaldirektoren-Tochter. Sie könne doch sicher verstehen, dass es mir nun schwerfalle, mich zu entscheiden. Falls es sie interessiere, könnte ich ihr auch ein Bild von dieser Freundin zeigen.

Es war dunkel in der Bar. Sie hielt mich wohl für verrückt und war merklich irritiert, schaute dann kurz auf das Bild – oh Schock – sogar in einem edlen Silberrahmen: „Kann ich verstehen, sie sieht nett aus." Ich war perplex. „Meinst du das ernst? Guck doch noch mal genauer hin!" Erst auf den dritten Blick merkte sie, dass es ein von meinen Freunden heimlich aufgenommenes, etwas dunkles seitliches Porträt von ihr selbst war – und dann auch schon in einem Silberrahmen! Erst war es ihr peinlich, dass sie sich nicht erkannt hatte, dann freute sie sich, lachte, und das Eis war gebrochen.

Schon Ende Februar unternahmen wir eine gemeinsame Abenteuer-Reise mit unseren dagebliebenen Freunden Hoby und Uta aus Michigan State. Zu viert im Volkswagen, ohne Geld quer durch Jugoslawien und Griechenland bis nach Istanbul. Meine Mutter war alles andere als begeistert. Vor allem als ich ihr dann auch noch sagte, dass wir uns im Sommer – also kurz nach meinem 22. Geburtstag – verloben wollten. Ich wäre doch noch viel zu jung und so weiter. Der Senior hatte allerdings Verständnis, und meine Mutter lenkte bald ein. Im August 1962 feierten wir in Hamburg im engsten Familienkreis Verlobung, einschließlich Segeltörn zu zweit auf der Außenalster.

Gisela Kreke kann sich noch ganz gut erinnern, wie Jörn damals ihr Herz eroberte. Die Sache mit dem Foto der „anderen", die hat sie sehr irritiert. Sicherlich war in den Sechzigerjahren vieles anders. Aber dass ein junger Mann ein gerahmtes Bild der angeblich anderen Freundin bei sich trägt, das war auch damals nicht üblich. Sie amüsiert sich noch ein halbes Jahrhundert danach über diesen schrägen Einfall – und dass sie sich zunächst auf dem Bild gar nicht erkannt hatte.

Gegen die schnelle Verbindung mit der ein Jahr älteren Gisela hatte Jörn Krekes Mutter Bedenken. Herbert Eklöh war jedoch von der Säuglingsschwester sehr angetan. Aber ein Freund des Seniors aus Riga warnte vor einer Hochzeit: Die attraktive junge Frau, die 1959 mit ihrer Mutter aus der DDR in den Westen gekommen war, sei bestimmt eine Spionin. Und mit 40 werde sie auch nicht mehr so gut aussehen. Die angebliche Spionin kann sich noch heute darüber amüsieren.

Jörn Kreke ließ sich jedenfalls nicht beeinflussen. Bei einer Fahrt durch Jugoslawien im Februar, also knapp zwei Monate nach der folgenreichen Silvesterfeier im „Weindorf", machte er seiner Gisela einen Antrag. „Das Hotel war ein besserer Bretterverschlag", erinnert sich seine Frau. Sie akzeptierte, und er informierte nach seiner Rückkehr seine merklich schockierte Mutter in Köln. Im folgenden August fand die Verlobung statt. Geheiratet wurde 1964, während Jörn Krekes Doktorarbeit und Assistentenzeit bei Hussel. Es war der Start in eine Ehe, die völlig anders verlief als die Beziehung zwischen Herbert Eklöh und Erne Kreke.

Sie gingen früh eine ganz bürgerliche Verbindung ein. Inwieweit hat da die „wilde Ehe" von Herbert Eklöh mit Ihrer Mutter eine Rolle gespielt? Sahen Sie darin etwa ein abschreckendes Beispiel?

Gisela hat gleich am Anfang unserer Beziehung, trotz großer Begeisterung für Tom und meine Mutter, klargemacht, sie wolle solche Verhältnisse nicht. Mich selber hat die komplizierte Beziehung meiner Eltern eher in der Auffassung bestärkt, es sei bestimmt sehr viel weniger stressig, in übersichtlicheren Verhältnissen zu leben. So haben wir es dann auch gemacht.

Was schätzen Sie an Ihrer Frau besonders?

Sie geht sehr auf mich ein, ist eine gute Gesprächspartnerin, weil sie die Dinge anders sieht und beurteilt als ich; sie hat ein Gespür für Mode und Trends. Wir sind gerne zusammen, meistens auch nur wir zwei allein. Natürlich haben wir einen größeren Freundeskreis. Aber wenn ich eine Frau hätte, die ständig Leute um sich herum haben will, wäre ich vermutlich überfordert. Noch eine wichtige Eigenschaft meiner Frau: Wenn es irgendwann mal eine Missstimmung gibt, dann ist sie es, die ausgleicht und glättet.

Was meinen Sie, was Ihre Frau an Ihnen besonders schätzt?

Sie findet es vermutlich ganz gut, dass ich ein Familienmensch bin, dass ich Durchblick habe und klar sage, wo es langgeht, auch früher mit den Kindern. Aus dem Unternehmen hält sie sich heraus, außer dass sie mir öfter mal sagt, was ihr auffällt – negativ oder positiv.

Gisela Kreke bescheinigt ihrem Mann, er sei familienorientiert. Auch schätzt sie an ihm seine Verlässlichkeit. Ach ja, noch eine Eigenschaft fällt Frau Kreke in Bezug auf ihren Mann ein: Er könne stur sein. „Stur“ ist also ihre Version für das, was er „klare Ansage“ nennt.

Berät Ihre Frau Sie bei finanziellen Dingen? Etwa ob Sie Aktien kaufen sollten?

Bei Aktienkäufen und sonstigen privaten Investments mache ich meine Fehler gern selber. Sie hält sich da völlig raus.

Wer entscheidet bei Ihnen, wohin die Urlaubsreise geht?

Wir zusammen.

Also der Spruch, dass Gegensätze sich anziehen, scheint auf Sie nicht zuzutreffen?

Fast alle privaten Entscheidungen geschehen im Konsens. Vieles machen wir gemeinsam. Seit die Kinder aus dem Haus sind, bleibt meine Frau, wenn ich eine längere Reise machen muss, ungern allein zu Hause, sondern packt die Sachen und fährt mit. Insbesondere wenn ich Termine in interessanten Städten wahrnehmen muss. Ende 2011 sind wir 50 Jahre zusammen, das ist schon ein Wort. Das hätte ich mir damals auch gar nicht vorstellen können. Doch Gisela fand so etwas immer schon gut. Ihre Eltern waren geschieden; das sei schlecht für die Familie, und so etwas wollte sie nicht.

Manche Manager behaupten zumindest, ihre Ehefrauen seien ihre ersten und wichtigsten Ratgeberinnen.

Meine Frau hat ein Gespür für Trends. Sie merkt, da kommt was, und sagt mir: „Denk' da mal drüber nach." Fertig. Es ist für sie keine grundsätzliche Frage; wenn es mich interessiert – gut, wenn nicht – auch gut. Sie gab 1967 den ersten Anstoß zum Einstieg ins Parfümerie-Geschäft. Und vor einigen Jahren hat sie zufällig eine Sendung mit Jette Joop im Fernsehen gesehen und mir den Hinweis gegeben, ich sollte die doch mal in Hamburg besuchen, sie glaube, dass deren Schmuckkollektion vielleicht zu Christ passen könnte. Und sie hatte beide Male recht!

Es waren zwei Anstöße zu wichtigen Strategie-Änderungen: erstens Eintritt in den Parfümerie-Markt und zweitens weg vom eher klassischen und hin zu modischerem, jüngerem Schmuck. Und solche Beispiele gibt es reihenweise. Wenn auch nicht mit so langfristigen Auswirkungen. Doch sie fühlt sich nicht als Unternehmerin, sondern sieht die Dinge eher aus dem Blickwinkel einer interessierten Kundin.

Wir gehen zwar ab und zu zusammen in Geschäfte. Wir betrachten diese allerdings aus völlig anderen Blickwinkeln. Sie schaut hauptsächlich auf die Ware und sieht, was schick und trendy ist. Mich interessiert mehr, wie die Ware beleuchtet oder dekoriert ist, wie sich das Personal verhält und wie das Geschäft auf die Kunden wirkt.

Später unterhalten wir uns dann über unsere Eindrücke. Sie über die Mode, ich über den Laden. Und wenn ich offensichtlich etwas übersehen habe, dann gehen wir noch einmal hin, um gemeinsam zu überlegen, ob es vielleicht auch für unser Unternehmen oder für unsere Kunden interessant sein könnte.

Ihre Frau ist nicht im Aufsichtsrat und auch in keinem Beirat des DOUGLAS-Konzerns. In anderen Familienunternehmen ist das häufig anders.

Nein, meine Frau hat keine Funktion im Unternehmen. Das würde zu uns auch nicht passen, denn wir verstehen uns nicht als Familienunternehmen, sondern als eine familiengeprägte Publikumsgesellschaft. Doch meine Frau würde das auch nicht wollen. Das liegt ihr nicht. Ich erzähle ihr allerdings viel übers Geschäftliche, denn dabei kann ich alles noch einmal durchdenken. Sie hinterfragt und kommentiert – aber Gott sei dank ohne jeden Druck. Ich muss jemanden haben, mit dem ich mich austauschen kann. Und mit meiner Frau kann ich das.

Ich vermute mal, Ihre Frau hat Ihre drei Kinder mehr oder weniger allein großgezogen, war also eine verheiratete Alleinerziehende?

Nein, so war das nicht. Ich bin als Vorstandsvorsitzender zwar sehr viel unterwegs gewesen, habe aber viel seltener auswärts übernachtet, als andere Top-Manager das heutzutage müssen. In meiner aktiven Zeit waren drei Abende pro Woche, an denen ich nicht zu Hause war, schon viel. Natürlich bin ich samstags immer in Läden gegangen oder habe mich mit Leuten in der Firma getroffen. Doch Samstagnachmittag war Schluss. Und sonntags sowieso, außer natürlich die übliche Vorbereitung von Sitzungen und Entscheidungen.

Doch auch wenn ich viel beschäftigt und verreist war, habe ich konsequent eines mit den Kindern gemacht, was rückblickend sehr gut war: Es gab einen fest reservierten Familienabend in der Woche, sozusagen einen Jour fixe. Der wurde, wenn es eben ging, immer eingehalten. Die Kinder konnten auch Freunde mitbringen, doch meistens waren wir ganz unter uns.

Wir sind dann in eines unserer Lieblingsrestaurants gegangen, zum Italiener oder in die Appenzeller Stuben in Dortmund. Da gab es weniger Ablenkung als zu Hause. Wir haben dann viel erzählt, gelacht und diskutiert. Bei den Kindern hat sich dadurch der Eindruck festgesetzt, der Vater hatte immer Zeit für sie. Alles, was für die Kinder wichtig war, wurde besprochen und entschieden.

Meine Frau legte größten Wert auf diese Abende und machte Druck, dass es auch terminlich klappte. Sie wollte sicherstellen, dass die Kinder uns nicht gegeneinander ausspielen konnten, indem sie behaupteten, Mami oder Daddy hätte dieses oder jenes versprochen.

In Ruhe zu reden, uns auf die Kinder zu konzentrieren – das haben wir genossen und die Kinder auch. So hat sich bei den Kindern nie etwas aufgestaut. Die Kinder haben sich auch später nie beschwert, dass ich zu wenig Zeit für sie gehabt hätte. Im Gegenteil: Rückblickend waren sie überzeugt, der Vater war immer für sie da. Diese Abende haben sich erfreulicherweise viel tiefer ins Gedächtnis eingegraben als die Tatsache, dass ich an vielen Abenden gar nicht zu Hause war.

Bei Ihnen galt offenbar die klassische Arbeitsteilung: Der Mann geht hinaus ins feindliche Leben, die Frau managt die Familie.

Meine Frau war ausgebildete Säuglingsschwester. Sie hat sich sehr gern um unsere drei Kinder gekümmert. Das war für die Kinder auch eine schöne Sache. Meine beiden Töchter und meine Schwiegertochter machen es mit ihren Kindern genauso. Natürlich haben sie das Glück, dass sie sich das finanziell leisten können. Deshalb ziehe ich den Hut und habe größte Bewunderung für alle Frauen, die ihre familiären Aufgaben noch zusätzlich zu ihrer Berufstätigkeit erfolgreich bewältigen.

Sie haben den Kindern vom Geschäft erzählt. War es Ihr Ziel, dass der Sohn in Ihre Fußstapfen tritt?

Ich habe immer viel über spannende Ereignisse in der Firma erzählt. Und ich hatte auch den Eindruck, dass ihn diese Dinge wirklich interessierten. Wenn wir gemeinsam essen gingen, sind wir oft vorher die Fußgängerzone rauf- und runtergegangen. Die beiden Mädchen sind mit der Mutter losgegangen und Henning Kreke mit mir. Wir haben uns Schaufenster angeguckt und über die Geschäfte geredet. Die Töchter haben sich auch für die Schaufenster interessiert, aber genau wie ihre Mutter in erster Linie für die Ware und nicht für die damit zusammenhängenden Management-Themen.

Ihre Kinder sind im Wohlstand aufgewachsen. Haben Sie versucht, sie bewusst kurzzuhalten?

Sie wurden genauso aufgezogen wie andere Kinder in unserem bodenständigen Freundeskreis auch. Deshalb sind auch alle drei mit beiden Beinen auf der Erde geblieben. Mit 16 mussten sie weg von zu Hause – ab nach Montverde in Florida. Henning und Jacqueline haben dann ihr Abitur in Salem gemacht; Nathalie ist in Montverde geblieben.

Aber davon, die Kinder bewusst besonders knapp zu halten, wie andere Unternehmerfamilien das manchmal machen, hielt ich nicht viel. Ich habe gesagt, weil ich viel arbeite, können wir gut leben, aber alle müssen auf dem Teppich bleiben. Geld war in unserer Familie schon ein Thema. Die Kinder haben früh gelernt, dass es nicht auf den Bäumen wächst, sondern dass man richtig was tun muss, um sich was leisten zu können.

Sie haben also Ihren Kindern das zu vermitteln versucht, was man altmodisch die bürgerlichen Tugenden nennt – Fleiß, Anstand, Bescheidenheit?

Ja. Aber vor allem haben wir ihnen mitgegeben, dass man viel arbeiten und sich anstrengen muss, wenn man ein schönes Leben führen will. Wir waren des Öfteren im Schlosshotel in Pontresina. Irgendwann sagte ich zu Henning Kreke, in einem so schönen Hotel zu wohnen, das können sich nicht viele leisten. Er war vielleicht elf Jahre und meinte: „Wenn ich mich hier umsehe, sind es doch eine ganze Menge, und ich will mal dazugehören." Er wusste ganz genau, dass das nicht von alleine kommt.

Sie haben immer viel unternommen, haben als Vorstandsassistent nebenbei noch promoviert. Würden Sie sich als „Workaholic" bezeichnen?

Nein, aber ich arbeite sehr gern. Auch jetzt noch mit 70 Jahren. Doch wenn mich heute – im Gegensatz zu früher – jemand anruft und sagt, es sei doch richtig schönes Wetter zum Golfspielen, dann entscheide ich mich jetzt gerne auch schon mal fürs Golfen.

Entspannung heißt für Sie: Sport?

Lesen und Sport. Früher in erster Linie Tennis. Seit ich die 50 überschritten habe Golf. Leider nicht besonders erfolgreich, doch immer mit großer Begeisterung.

Oper?

Sehr gerne, doch wir gehen zu selten. Ich bin auch kein Kenner, der sich für besonders anspruchsvolle und moderne Inszenierungen begeistert. Wir entspannen uns am besten bei den bekannten Klassikern.

Und was lesen Sie: Fachbücher, Krimis, Romane?

Ich lese viel. Tages- und Fachzeitungen, Biografien, historische Romane und Bestseller – im Urlaub oftmals auch mehrere Bücher gleichzeitig. Im letzten Urlaub zum Beispiel Huntigtons aktuell gebliebenes Buch „Kampf der Kulturen" und das Buch des Unternehmers Dietrich Walther „Green Business – das Milliardengeschäft". Da wird spannend beschrieben, wie die Amerikaner im Silicon Valley gerade damit beginnen, im Umweltbereich eine ähnliche Dynamik zu entwickeln wie vor 15 Jahren im Internetbereich. Weil die Amerikaner an neue zukunftsträchtige Märkte mit ganz anderen Management- und Finanzierungsmethoden rangehen als die Europäer, werden sie wohl auch im Umweltbereich schon bald zum Weltmarktführer.

Hatten und haben Sie eigentlich Zeit für Freunde?

Unseren engsten Freundeskreis haben wir vor fast 40 Jahren im Hagener Tennisclub Rot-Weiß kennengelernt. Das Clubleben hatte damals noch einen ganz anderen Stellenwert als heute. Wir wohnten ganz in der Nähe des Clubs; für unsere Kinder war es eine Art zweite Heimat. Leider habe ich nie zu den guten Spielern gehört, doch es war eine enorme Bereicherung unserer Lebensqualität. Inzwischen spielt die ganze Truppe gemeinsam Seniorengolf auf unserem landschaftlich wunderschönen Platz hier in Hagen. Doch sie haben recht: Genug Zeit für die Freunde hatte ich kaum.

Apropos Golf: Es gibt die These, Manager, die ein sehr niedriges Handicap haben, säßen wohl zu wenig am Schreibtisch. Wie hoch ist denn Ihr Handicap?

Das gilt nicht für alle. Ich kenne einige Topmanager, die ein Super-Handicap haben. Es gibt halt besonders Begabte. Aber klar, wenn man ein gutes Handicap pflegen will, braucht man mehr Zeit. Ich selber war schon mal bei 20 und war felsenfest überzeugt, die 18 sei zum Greifen nahe. War sie aber nicht. Jetzt bin ich wieder bei 22.

Sie sind als Jugendlicher in Köln aufgewachsen, dann waren Sie lange in Amerika und sind schließlich in Hagen gelandet. War das für Sie nicht ein Kulturschock?

Ich habe mich in meiner Geburtsstadt Köln sehr wohl gefühlt. Doch Hagen war der Sitz der Hussel AG. Meine Mutter fand meinen Wegzug ganz schrecklich. Doch ich habe mich so entschieden und bin dann eben in der Anfangsphase – vor allem wegen Gisela – sehr häufig nach Köln gefahren.

Gisela hat sehr befürwortet, dass wir 1964, sofort nach unserer Heirat, in eine Wohnung in Hagen ziehen und nicht in Köln bleiben, weil sie befürchtete, meine energische Mutter könnte ihr zu viel dazwischenreden. Das wollte sie nicht, und deshalb tun wir es auch nicht bei unseren Kindern. Wir wohnen hier in Hagen zwar relativ nah beieinander, kreuzen aber niemals ohne Voranmeldung und auch nicht allzu oft bei unserer Tochter oder Schwiegertochter auf. Denn das wäre uns früher auch auf die Nerven gegangen.

Von Hagen selbst hatte ich in der Anfangszeit nicht viel gesehen. Ich wohnte als Mieter in einem kleinen Haus in Bathey. Ich konzentrierte mich auf meine Tätigkeit bei Hussel und auf meine Doktorarbeit. Erst als meine Frau dann mit nach Hagen kam, haben wir eine eigene Wohnung bezogen, uns hier so richtig eingelebt und wohlgefühlt.

Haben Sie sich außerhalb der Firma in Hagen engagiert?

Ich habe mich in den Anfangsjahren in Hagen etwas politisch engagiert. Zuerst als Mitglied, bald darauf als Vorsitzender der Jungen Union; dann in den Jahren 1968/69 als Vorsitzender des CDU-Kreisverbandes. Ich hätte vermutlich auch für den Rat der Stadt oder den Landtag kandidiert. Doch als ich dann Mitte 1969 zum Vorstandsvorsitzenden bei Hussel berufen wurde und viel unterwegs sein musste, bin ich wieder aus dem CDU-Vorstand ausgeschieden. Denn die Politik erforderte ständige Präsenz, was zeitlich nicht mit meinen unternehmerischen Pflichten vereinbar war.

In den politischen Gremien habe ich seinerzeit sehr viel gelernt, insbesondere über den Umgang mit Menschen, die einen völlig anderen Werdegang und völlig andere Ideen und Ansichten hatten. Vor allem habe ich gelernt, die Dinge aus der Sicht des anderen zu sehen und zu beurteilen. Das hat mir in meiner unternehmerischen Tätigkeit enorm geholfen. Denn der richtige Umgang mit Menschen ist wohl einer der wichtigsten Erfolgsfaktoren. Auf diesem Gebiet haben viele fachkompetente Manager einen riesigen Nachholbedarf. Mein kurzer Ausflug in die Politik war zwar 1969 beendet, doch dieses Engagement hat mir nicht geschadet – ganz im Gegenteil.

Sie waren CDU-Kreisvorsitzender und 1969 auch Mitglied der Bundesversammlung, die den Bundespräsidenten wählt. Wo ordnen Sie sich heute politisch ein?

Irgendwo zwischen CDU und FDP. Ich unterstütze beide Parteien, bin aber nach wie vor Mitglied in der CDU.

Haben Sie auch versucht, Ihren Kindern politisch etwas mitzugeben?

Wir reden oft über Politik. Aber mein Sohn hatte bisher keine Zeit für ein aktives Engagement, und meinen Töchtern liegt das nicht.

4.
Eine außergewöhnliche Manager-Karriere

»Ich wollte nie von Banken abhängig sein«

Jörn Kreke mag sich in manchem von Herbert Eklöh unterscheiden. In einem aber nicht: Auch er ist der geborene Händler. Aus dem kindlichen Wunsch, „einmal das zu tun, was Tom macht“, wurde während seiner Amerika-Zeit ein klarer Berufswunsch: eine Tätigkeit im Handel. Das belegt ein Brief Herbert Eklöhs an seinen in Michigan studierenden Sohn aus dem Jahr 1961. Da bestärkt er den Filius in dessen Absicht, eine Laufbahn im Handel einzuschlagen. Er wollte so schnell wie eben möglich zurück in den Handel – zu Halstead oder einem Supermarkt-Unternehmen, um etwas zu bewegen.

1963 übernahm der Senior bei der Hussel AG die Aktienmehrheit sowie den Vorstandsvorsitz und brauchte einen Vorstandsassistenten. Der Grundstein für eine schnelle und steile Karriere seines Sohnes war gelegt. Es war auch klar vereinbart, dass der Sohn eines Tages den Vorstandsvorsitz übernehmen sollte – sofern er sich dafür qualifizierte. So kam es auch. Aber so glatt, wie das im Rückblick aussieht, verlief Jörn Krekes Karriere dann doch nicht.

Dass es eine erfolgreiche Karriere wurde, steht außer Zweifel. Der europäische Lifestyle-Konzern Douglas ist sein Werk. Kreke spricht mit Stolz über das Erreichte, aber ohne jemals die zu vergessen, die ihm auf diesem Weg zur Seite gestanden haben. Was besonders auffällt: Jörn Kreke sagt nur selten „ich“, dafür umso häufiger „wir“.

Sie stammen aus einer Einzelhandelsfamilie. Was wäre gewesen, wenn Sie der Sohn eines Stahlindustriellen gewesen wären? Haben Sie manchmal bedauert, dass das nicht so war?

Nein, nicht einen Tag. Ich habe auch nie über so etwas nachgedacht. Ich habe Herbert Eklöh bewundert, ich fand toll, was er so im Handel machte und wie er uns junge Leute begeistern konnte. Und mich faszinierte, wie er mit Menschen umging. Deswegen kam für mich überhaupt nichts anderes infrage.

Dabei war Handel nie mit Glamour verbunden. Der Einzelhandel hatte im Vergleich zur Industrie oder den Finanzdienstleistungen immer ein schlechteres Image.

Ja, und dann auch noch Supermärkte und Lebensmittel! Aber diese Vorbehalte haben mich nie gekümmert, für mich war das alles faszinierend. Ich bin auch überzeugt, dass man nur besser ist als andere, wenn man sich mit Haut und Haaren mit seiner Aufgabe identifiziert. Wer sich wirklich ernsthaft fürs Geschäft begeistert, der entwickelt ein besseres Gespür dafür. Da wird der Beruf zu einem Teil von einem.

Ich habe natürlich besonders hier im Ruhrgebiet sehr viele Freunde und Bekannte mit ganz anderem beruflichen Hintergrund. Ich bewundere, was die machen, würde mir aber eine Tätigkeit in der Industrie gar nicht zutrauen. Das ist aufgrund meines Werdeganges sehr, sehr weit weg von mir.

Es ist ja nicht ganz unproblematisch, wenn der Sohn Assistent des Vaters wird. Da sind manchmal die Konflikte geradezu programmiert. Wie lief das bei Ihnen?

Erstklassig. Ich konnte unheimlich viel von ihm lernen. Vor allem, wie er die Leute begeisterte und motivierte. Natürlich gab es auch Meinungsverschiedenheiten in Bezug auf die Strategie. Darüber wurde offen diskutiert. Letztlich habe ich natürlich in den Jahren bis zu meiner Berufung zum Vorstandsvorsitzenden seine Entscheidungen akzeptiert und umgesetzt.

Unterschiedlicher Meinung waren wir zum Beispiel beim Thema Parfümerien. Er dachte, die ganz große Zukunftschance liege bei den Discount-Drogerien. Also hat er nach seinem Ausscheiden aus dem Vorstand auf eigene Faust traditionelle Drogerien gekauft, umgebaut und dann als „Schotten-Drogerien" für sparsame Kunden neu eröffnet. Das ging aber daneben, weil er – wie des Öfteren in seinem Leben – etwas zu früh kam: Die Preisbindung existierte noch. Es war schwer, bei annähernd gleichen Preisen die Kunden vom Nutzen seines Konzeptes zu überzeugen.

Wir haben dann den jungen, tüchtigen Claus Mingers gebeten, ihm zu helfen, aus dem Schlamassel wieder rauszukommen, indem wir die besseren Drogerien in guten Lagen in Parfümerien umwandelten und übernahmen. Auf den Verlusten der Schlechteren blieb er dann sitzen. Seine Begeisterung für Drogerien kam wohl daher, dass er gelernter Drogist war. Und auch Claus Mingers, der gerade anfing, bei uns im Parfümerie-Bereich Karriere zu machen, war gelernter Drogist aus Wildeshausen und wusste, wie es ging.

Und wie lief es zwischen Vater und Sohn, als Sie Vorstandsvorsitzender wurden?

In meiner Funktion als Vorstandsvorsitzender habe ich alle wichtigen Entscheidungen vorab mit dem Senior diskutiert. Er war mein Coach und Sparringspartner. Aber er überließ mir ohne Wenn und Aber die Entscheidung. Das war auch vorab so zwischen uns vereinbart, und er hat sich konsequent daran gehalten.

Das mache ich jetzt mit meinem Sohn genauso. Wenn es um wichtige Entscheidungen bei Douglas geht, bespricht er sich mit mir, doch die Entscheidung trifft er als Vorstandsvorsitzender mit seinen Vorstandskollegen. Da halte ich mich konsequent raus, auch weil ich gar nicht mehr über alle entscheidungsrelevanten Informationen verfüge.

Wenn es dagegen um die unternehmerischen Engagements der Familie außerhalb von Douglas geht, dann läuft es genau andersherum: Ich diskutiere das Pro und Kontra mit Henning Kreke, aber er erwartet – auch weil er nicht nahe genug an diesen Beteiligungen dran ist –, dass ich die Entscheidungen treffe.

Als Jörn Kreke 1963 bei Hussel anfing, arbeitete er zunächst für kurze Zeit – inkognito – als Beifahrer auf einem Sattelschlepper. Der Chef des Fuhrparks war Hubert Kuhn, ein langjähriger Eklöh-Mitarbeiter, der schon den Teenager Jörn in Köln morgens zum Großmarkt mitgenommen und ihm viel über Einzelhandel beigebracht hatte. Im Frühjahr 1988 gratulierte dieser Hubert Kuhn dem Hussel-Chef zu dessen 25-jährigem Firmenjubiläum. In dem Glückwunschschreiben schilderte er auch Krekes ersten Arbeitstag am 1. März 1963:

„Sie fingen als Beifahrer eines 10-Tonner-Lkws ‚Büssing' an, Fahrer H. Paerce, Beifahrer H. Breucker, Tour Ruhrgebiet, Dauer zwölf Stunden. Nach Ihrer Ankunft fragte ich H. Breucker: ‚Na, wie ist der neue Beifahrer?' Die Antwort kam spontan: ‚Es geht so, schwach beim Tragen, schnappt sich nur drei bis vier Kartons und fragt das Personal über belanglose Dinge aus, die ihn nichts angehen.'"

Was Beifahrer Breucker halt nicht wissen konnte: Der Neue wollte keinen Rekord im Kistenschleppen aufstellen, sondern genau wissen, was in den Läden los war. Krekes späteres „Management by walking around" begann also schon am ersten Arbeitstag.

Sie hatten doch eine Absprache mit dem Senior, dass er Mitte 1969 in den Hussel-Aufsichtsrat wechselt und Sie Vorstandsvorsitzender werden ...

... ja, das war so verabredet. Doch urplötzlich schien das nicht mehr zu gelten. Ich war seit 1965 Vorstandsmitglied bei Hussel, sein

Adoptivsohn Herbert Eklöh junior auch. Im Frühjahr 1969 rief der Senior uns beide in sein Büro und teilte uns mit, er habe sich entschlossen, sich aus dem Vorstand zurückzuziehen. Genau so war es zwischen uns abgesprochen. Doch dann sagte er ganz überraschend entgegen unserer Vereinbarung, dass Eklöh junior sein Nachfolger werden solle, weil er mehr Erfahrung habe. Ich war schockiert. Spontan sagte ich, diese Meinungsänderung sei sein gutes Recht, ich würde dann eben die Firma verlassen und wünschte dem Junior viel Erfolg.

Dann ging ich in mein Büro, versuchte, diese urplötzliche Meinungsänderung zu verstehen und mit der Riesenenttäuschung fertig zu werden. Etwa eine Stunde später geht die Tür auf, der Junior kommt rein und sagt: „So machen wir das nicht. Ich will, dass du Vorstandsvorsitzender wirst.“ Ich fragte ihn, ob das auch der Senior wisse. Ja, er selbst habe es ihm gesagt. Darauf habe der Senior geantwortet, er sei einverstanden und er solle es mir mitteilen. Damit war die Sache erledigt. Ein paar Monate später wurde ich Vorstandsvorsitzender.

Wie erklärten Sie sich dieses etwas seltsame Verhalten Herbert Eklöhs?

Mir ist erst später, lange nachdem meine Enttäuschung und Verärgerung abgeklungen waren, klar geworden, dass das Ganze vermutlich ein Trick vom Senior war. Denn es war eigentlich allen klar, dass das auf mich zulaufen musste. Herbert Eklöh junior konnte es nicht, und alle wussten das. Aber der Senior wollte anscheinend, dass Herbert mitzieht und nicht sagt, ich sei ihm vor die Nase gesetzt worden. Der Senior hatte sich bestimmt ausgerechnet, wie ich reagieren würde und dass ich mir das nicht gefallen lassen würde. Wahrscheinlich wäre er enttäuscht gewesen, wenn ich mich mit der Nummer zwei abgefunden hätte. Doch er hat mit mir nie darüber gesprochen, und ich habe ihn nie danach gefragt.

Bereits kurz darauf, am Tag der Hauptversammlung im Juni 1969, hat der Senior das Unternehmen verlassen und flog unverzüglich nach der Amtsübergabe mit meiner Mutter über England, Grönland und Kanada in seinem kleinen Flieger in die USA. Sie waren einfach weg, nicht zu erreichen; keiner wusste, wo sie sich befanden. Alle Mitarbeiter im Unternehmen sollten sich sofort an die neue Situation gewöhnen, und das geht natürlich am schnellsten, wenn der bisherige Gesprächspartner weder anwesend noch erreichbar ist. Genau so habe ich es bei meinem Ausscheiden als Vorstandsvorsitzender Mitte 2001 auch gemacht. Nur, dass ich nicht in die USA geflogen bin, sondern nach Sylt.

Sie waren 29 Jahre alt und Chef der Hussel AG, der damals jüngste Vorstandsvorsitzende einer deutschen Aktiengesellschaft. Sagten Sie da: Ich habe es geschafft?

Ganz und gar nicht. Ich habe mich riesig gefreut, dass der Senior mir diese Chance gegeben hat. Mir war aber klar, das ist jetzt nichts zum totlachen. Ich wusste, dass es schwer wird. Und es wurde auch schwer. Denn Hussel steckte in der Krise; 1968 hatten wir nichts verdient. Deshalb tauchte dann auch ganz plötzlich – wenige Tage nach meiner Amtsübernahme – der Leiter der Dresdner Bank in Hagen bei mir auf und teilte mir mit, er habe sich entschlossen, die Kredite fällig zu stellen. Er habe das Gefühl, der Senior wolle das sinkende Schiff verlassen.

Ich erwiderte, es wären doch Kündigungsfristen vereinbart. Diese seien jetzt außer Kraft gesetzt, sagte er. Hussel müsse binnen zehn Tagen das Geld zurückzahlen, sonst würden die bei ihm liegenden Schecks zu Protest gehen.

Ich nahm das schockiert zur Kenntnis und informierte meinen gleichaltrigen Kollegen, den Leiter unserer Finanzabteilung, Heinz Schmidt, über die neue Lage. Er verhandelte dann mit der Bank für Gemeinwirtschaft in Hagen. Die hielt unsere Zahlen zwar auch nicht für besonders gut, wollte aber ins Geschäft kommen und sprang ein. Die Dresdner Bank wurde ausbezahlt, und von diesem Tag an setzten wir uns das Ziel, nie wieder von Banken abhängig zu sein. Das war eine Lehre für's Leben.

Mit welchen Konsequenzen?

Wir haben seitdem die Politik verfolgt, nicht zu hohe Dividenden auszuschütten und eine Eigenkapitalquote von dauerhaft mindestens 35 Prozent nicht zu unterschreiten. 35 Prozent, das ist im Vergleich zu den meisten Handelsunternehmen hoch. Und wir halten konsequent an dieser Zielgröße fest. Inzwischen liegt die Eigenkapitalquote seit vielen Jahren konstant bei über 40 Prozent. Und diese solide Finanzpolitik, die mein Kollege Heinz Schmidt umgesetzt hat und die auch von seinem Nachfolger Dr. Burkhard Bamberger fortgeführt wird, zahlt sich gerade in Krisenzeiten aus.

Diese Politik wird inzwischen sogar von denselben Analysten gelobt, die uns noch vor einigen Jahren wegen unseres konservativen Verhaltens kritisiert und zu mehr „Schulden machen" ermuntert hatten. Weil finanzielle Solidität einen so hohen Stellenwert bei uns hat, wurde das dann auch ausdrücklich in den Vorstandsverträgen festgeschrieben. Nach unserer Beinahe-Katastrophe durch die Kreditkündigung der Dresdner Bank im Jahr 1969 sind wir diesbezüglich gebrannte Kinder.

Das war vor 40 Jahren nicht gerade ein traumhafter Einstand. Aber dann ging es doch stetig bergauf. Was war, wenn Sie zurückschauen, Ihr größter Erfolg?

Dass wir nicht bei Süßwaren stehen geblieben sind, dass es gelungen ist, in den Parfümeriemarkt einzusteigen, Douglas international zu filialisieren und zum europäischen Marktführer aufzubauen. Und das in einer Branche, in der bundesweite Filialisierung damals noch als undenkbar galt. Das war sicherlich der größte Erfolg, zumal ich diese Entwicklung von Anfang an initiiert habe, genau gesagt seit 1967/68, als ich noch gar nicht Vorstandsvorsitzender war. Doch rückblickend war natürlich auch eine Riesenportion Glück dabei: Die ersten vier kleineren Parfümerie-Unternehmen, die wir kauften, waren Volltreffer, das fünfte dagegen ein totaler Flop. Diese Firma, die auf den ersten Blick genauso überzeugte wie die anderen, machte nichts als Verluste.

Deshalb bin ich dem lieben Gott natürlich dafür dankbar, dass wir die Parfümerie Nummer fünf nicht zuerst gekauft haben. Denn dann hätten wir weder von den Banken noch vom Aufsichtsrat grünes Licht bekommen, um im Parfümerie-Bereich weiterzumachen. So nah können Erfolg und Misserfolg beieinanderliegen.

Sie sprechen von Flops. Was war Ihr größter Misserfolg?

Mein größter, sogar existenzbedrohender Flop war „Micron", unser erstes Engagement in Amerika in den Siebzigerjahren. Ich bin damals aufgrund meiner Amerika-Begeisterung auf einen sympathischen und ehrenwert erscheinenden Verkäufer aus dem Mormonenstaat Utah hereingefallen, der uns das Unternehmen mit Empfehlungsschreiben mehrerer Banken anbot. Das Konzept bestand darin, von einem Großhandelslager in Salt Lake City aus Lebensmittel auf Kredit an Endverbraucher auf dem Land zu liefern. Die Zielgruppe war die religiös geprägte Landbevölkerung im Westen der Vereinigten Staaten, die immer Angst hatte, dass die große Weltkatastrophe unmittelbar bevorstand, und deshalb für den Fall aller Fälle ständig große Lebensmittelvorräte in ihren Häusern anlegte.

Doch leider war das Konzept nicht stimmig, da die Kunden zwar kauften, aber nicht bezahlten. Im Management herrschte Chaos; hinzu kamen in großem Stil Betrug und Unterschlagung. Das hätten wir eigentlich merken müssen. Mit Arthur Andersen hatten wir zudem eine renommierte Wirtschaftsprüfungsgesellschaft, doch leider aus Salt Lake City. Die hatte sich, aus was für Gründen auch immer, von der Micron-Mannschaft täuschen oder vereinnahmen lassen. Wir hätten ortsfremde Prüfer aus Chicago oder New York einsetzen sollen. Insofern war es ein selbst verschuldetes Fiasko.

Zu der Zeit, als sich die Katastrophe in Utah abzeichnete und uns die roten Micron-Zahlen nur so um die Ohren flogen, ging in Deutschland die bedeutende Firma SB-Mehrwert in Konkurs. Das war die erste ganz große Nachkriegspleite im Handel; Neckermann kam ebenfalls in große Schwierigkeiten und wurde von Karstadt übernommen.

Die Banken wurden nervös und überprüften alle Kredit-Engagements im Handel mit kritischen Augen. So auch das Unsrige wegen unserer Probleme in Utah. Zu allem Übel wurden wir dann auch noch mit einer politisch motivierten Sammelklage über 20 Millionen Dollar konfrontiert, weil der amerikanische Generalstaatsanwalt glaubte, mit diesem Coup seine Wiederwahl sichern zu können.

Dieser Generalstaatsanwalt von Colorado suchte dann ganz offensiv Anwälte in Hagen, die ihn gegen uns vertreten sollten. Die freuten sich schon auf das ganz große Geschäft, das sich am Horizont abzeichnete. Doch dann verlief alles im Sande, weil der Generalstaatsanwalt das Verfahren sofort einstellte, als er hörte, dass Erfolgsbeteiligungen für Rechtsanwälte in Deutschland illegal seien und stattdessen hohe Kostenvorschüsse ans Gericht geleistet werden müssten. Er hätte also mit Steuergeldern in Vorleistung treten müssen, und so sicher war er sich seiner Sache auch nicht, um so ein Risiko einzugehen.

Das hört sich nach einem Krimi an.

Das war auch ein Krimi. Gott sei Dank stand mir da mein loyaler Mitarbeiter Daryll Propp zur Seite. Ohne dessen mutigen Beistand wäre ich da nicht rausgekommen. Daryll verabredete sich zum Beispiel mit einem der Drahtzieher, der bereit war auszupacken, zu einem Treffen im tiefsten Texas. Doch keiner traute dem anderen. Deshalb kamen beide Parteien mit bewaffnetem Begleitschutz. Daryll und seine beiden Begleiter flogen also mit Colts in den Taschen in einer Passagiermaschine von Denver nach Texas. Das wäre heute undenkbar. Jedenfalls hat der Gangster Jim de la Garza tatsächlich eine umfassende Aussage auf Tonband gesprochen, weil er sich davon das Kronzeugen-Privileg erhoffte. Dieses Geständnis überzeugte dann auch den prozessfreudigen Staatsanwalt. Das Verfahren gegen uns wurde schon kurz darauf eingestellt, und de la Garza verschwand von der Bildfläche.

Als Dank für seine loyale Unterstützung habe ich Daryll später geholfen, sich als Real Estate Broker selbstständig zu machen. Er ist auch heute noch treibende Kraft hinter unseren gemeinsamen Immobilien-Investitionen in Denver und South Dakota.

Wie kamen Sie aus der Micron-Krise wieder raus, wie haben Sie als junger Vorstandsvorsitzender das Desaster überlebt?

Weil keiner meiner Kollegen und Mitarbeiter in Hagen wollte, dass ich wegen des Debakels in Amerika stürze, habe ich die Krise mit viel Glück überstanden. Alle sagten: „Wir kriegen das schon hin." Ich hatte damals totale Rückendeckung, insbesondere von meinem Finanzvorstand Heinz Schmidt, von Hans Hellwig, der den ertragsstarken Parfümeriebereich leitete, von Hartmut Eklöh und von Wolfgang Thomanek. Alle signalisierten, dass unser Ergebnis durch Auflösung stiller Reserven auch noch um einiges hochgefahren werden könnte.

Geholfen haben mir auch unsere Wirtschaftsprüfer, die bis an die Grenze des Möglichen mitgezogen haben. Der damalige Chefprüfer Dr. Werner Bohl ist mit mir nach Amerika geflogen und hat sich das alles gründlich vor Ort angeschaut und mit den dortigen Anwälten und Wirtschaftsprüfern verhandelt. Die noch nicht endgültigen Verluste konnten damals noch zeitlich etwas verteilt werden, was heutzutage nicht mehr möglich ist. Zudem hatten wir in Hagen einiges an stillen Reserven angesammelt, die zur Rettung des Unternehmens eingesetzt werden konnten. Das wäre heutzutage nicht mehr möglich.

Daraus ergibt sich die Frage, ob die derzeitigen rigorosen Bilanzierungsmethoden, die zum Beispiel das Anlegen gewisser stiller Reserven für Krisenzeiten kaum noch möglich machen, wirklich der Weisheit letzter Schluss sind. Nach den heutigen Bilanzierungsvorschriften hätten wir es jedenfalls nicht geschafft.

Doch genauso wichtig war, dass das ganze Team entschlossen war, mich nicht untergehen zu lassen. Ohne diese Rückendeckung hätte ich das sicher nicht überstanden, und die Firma vielleicht auch nicht.

Die Aktionäre waren ob der Verluste sicherlich „not amused".

Das kann man wohl sagen! Ich musste in der Hauptversammlung beichten, warum das alles passiert war. Einige Aktionäre machten zu Recht Terror. Doch dann stand eine ältere Dame auf und sagte: „Herr Kreke, das alles ist ja ganz furchtbar. Und dass das viele Geld weg ist, ist auch ganz schlimm. Aber es hat bestimmt auch sein Gutes, denn Sie haben sicher viel daraus gelernt." Da antwortete ich: „Verehrte gnädige Frau, ich bin Ihnen sehr, sehr dankbar für diese wohlwollenden Worte, aber ehrlich gesagt: Ich hätte dasselbe gelernt, wenn es nur die Hälfte gekostet hätte." Da war das Eis gebrochen. Ein anderer Aktionär meldete sich zu Wort und sagte, ihm gefalle die Art, wie ich meinen Reinfall den Aktionären verkaufen würde.

Das „manager magazin" ging nicht so pfleglich mit mir um und stellte den Verlust von etwa 10 Millionen Mark groß als Management-Versagen heraus. Und das war ja auch richtig so. Aber es ist noch einmal gut gegangen. Doch diese Beinahe-Katastrophe hat mein Risikobewusstsein entscheidend verändert. Worst-Case-Szenarien gehören seit der Zeit zum Pflichtprogramm bei Akquisitionen.

Mehr als drei Jahrzehnte stand Jörn Kreke an der Spitze seines Unternehmens. Beim Blick zurück wird deutlich, welch großen Aufschwung Hussel beziehungsweise Douglas zwischen 1969 und 2001 genommen hat.

1969, im ersten Geschäftsjahr unter dem Vorstandschef Kreke, setzte Hussel rund 44 Millionen Euro um. Ein Jahrzehnt später, im Geschäftsjahr 1980, sind es bereits 410 Millionen Euro, fast zehnmal so viel. Wiederum zehn Jahre später, im Geschäftsjahr 1990, beläuft sich der Umsatz des inzwischen in DOUGLAS HOLDING umbenannten Konzerns auf 1,3 Milliarden Euro. Und 2000, dem letzten Geschäftsjahr unter dem Vorstandschef Kreke, erreicht der Konzernumsatz knapp 2,5 Milliarden Euro. Das entspricht einem Umsatzwachstum von jährlich 18 Prozent – und zwar 31 Jahre lang!

Als Sie Vorstand bei Hussel wurden und später Vorstandsvorsitzender: Haben Sie in dieser Zeit mal beschlossen, reich zu werden?

Ich wollte vernünftig verdienen, um gut leben zu können. Meine Arbeit machte mir viel Freude, ich wollte im Handel etwas bewegen, und ich hatte Spaß daran, die zum Leben nicht benötigten Gehalts- und Tantieme-Anteile in Aktien und unternehmerische Beteiligungen zu investieren, statt auf einem Sparkonto zu deponieren. Aber reich werden war nie mein primäres Ziel. Das hat sich dann so ergeben. Als eine Art Nebeneffekt. Doch bis dahin ist so manches auch voll danebengegangen.

Die Vorstandsgehälter bei Hussel waren in den Siebziger- und Achtzigerjahren sicherlich nicht zu vergleichen mit dem, was heute üblich ist.

Auch gegen Ende meiner Vorstandstätigkeit nicht! Ich habe nur ganz zum Schluss mehr als 1 Million DM verdient. Natürlich verdiente ich gut, aber in den Anfangsjahren musste noch richtig auf das Geld aufgepasst werden. Doch Geld verdienen stand für mich nicht im Vordergrund. Ich wollte Erfolg, alles andere würde sich dann schon irgendwie einpendeln – und so war es dann ja auch.

Mit meinem klugen Anwaltsfreund, Klaus-Dieter Huth, habe ich mit verschiedenen privaten Investments zu Beginn der Siebzigerjahre erstmals gut verdient. Deshalb haben wir beschlossen, mit unseren Frauen eine Weltreise zu machen. Unsere wohlhabenderen Hagener Freunde haben damals wohl gedacht: „Der Kreke muss ja viel Geld haben! Von uns hat sich noch keiner eine Weltreise geleistet." Doch als wir dann zurückkamen, waren wir wieder bei null. Aber es war herrlich, wirklich einmal rund um die Welt: Amerika, Australien, Tahiti, Indien, Mexiko – alles in vier Wochen. So etwas tut man eigentlich nicht in westfälischen Unternehmerkreisen.

Nennen wir das „Reichwerden" halt „Kollateralnutzen" ...

Das könnte man so sagen. Ich hatte per saldo viel Glück bei Hussel und meistens auch mit meinen privaten Investments. Doch so manches ist auch richtig schiefgelaufen. Deshalb habe ich auch nie jemandem empfohlen, mit einzusteigen. Die Rechnung ist für mich aufgegangen, weil ich im Laufe der Zeit an so vielen Firmen und Immobilien beteiligt war, dass man hier und da auch mal einen totalen Flop verkraften konnte. Es wäre ja furchtbar gewesen, wenn ich einem interessierten Freund ausgerechnet die Beteiligung an so einem Flop empfohlen hätte. Denn ob's läuft oder nicht läuft, weiß man immer erst hinterher.

Herbert Eklöh war bei den meisten Unternehmen, in denen er tätig war, auch Eigentümer, nicht nur Chef. Hat das für Sie eine Rolle gespielt? Haben Sie von Anfang an den Status eines Eigentümer-Unternehmers angestrebt, oder wollten Sie nur Manager sein?

Ich sah mich zuallererst als Manager. Doch ich erkannte schon bald, dass es meine Glaubwürdigkeit und meinen Einfluss deutlich stärken würde, wenn ich auch Aktionär wäre. Zudem war ich überzeugt, dass es mit unserer Firma und deshalb auch mit dem Aktienkurs aufwärtsgehen würde. Deshalb habe ich in unseren starken Wachstumsjahren zwischen 1975 und 1995 des Öfteren von Leuten, die im Zuge ihrer Firmenverkäufe größere Aktienpakete übernommen hatten und diese später kursschonend verkaufen wollten, Teile davon mit Bankkrediten erworben. Als die Kurse dann irgendwann gestiegen waren, habe ich einen Teil der Aktien verkauft und den nun solide finanzierten Rest behalten. Leider habe ich in der Zeit aufgrund ständiger Gesetzesänderungen einige steuerliche Fehler gemacht, für die ich dann später viel gezahlt habe. Wenn ich es sofort richtig gemacht hätte, wäre es ein ganzes Stück billiger geworden.

Daraus habe ich gelernt, dass es unendlich wichtig ist, bei größeren Transaktionen erstklassige Berater, vor allem auch Steuerberater, an seiner Seite zu haben. Gelernt habe ich aber auch, dass mir meine Arbeit am meisten Spaß macht, wenn ich unternehmerisch beteiligt bin und mit im Risiko stecke. Deshalb habe ich es auch, von ganz wenigen Ausnahmen abgesehen, abgelehnt, in Beiräte oder Aufsichtsräte von Firmen einzutreten, wo ich nicht beteiligt bin.

Eine solche Ausnahme war zum Beispiel, dass ich aus alter Verbundenheit zu Osnabrück, wo ich als Kind mit meiner Mutter immer hingefahren bin, um „Tom“ zu besuchen, sehr gerne im Beirat des bedeutenden lokalen Textilkaufhauses Lengermann + Trieschmann mitgearbeitet habe. L + T befand sich zu der Zeit in einer wichtigen Umbruchs- und Entwicklungsphase. Es war ein Vergnügen, den tüchtigen Inhabern gemeinsam mit einigen Gleichgesinnten zu helfen, eine mutige Vorwärtsstrategie zu entwickeln und umzusetzen, um ihre starke lokale Marktposition langfristig abzusichern.

Und wo sind Sie überall beteiligt?

Ich bin seit Jahrzenten eng vernetzt mit einem Hamburger Freundeskreis um Klaus-Dieter Huth, Albert Büll, Rudolf Illies, Hartmut Dietrich und einigen anderen. Wir gehen seit über 30 Jahren gemeinsame unternehmerische Engagements ein, im Immobilienbereich und mit Firmenbeteiligungen.

Wenn wir zusammensitzen, geht es äußerst kreativ zu. Jeder kommt aus einer anderen Ecke und ist in seinem Kompetenzbereich höchst erfolgreich. Es gibt keinen, der bestimmt, wo es langgeht: Der Ausgang unserer Besprechungen ist völlig offen. Da geht es oft richtig hoch her: Wenn wir uns einigen, beteiligen wir uns an Unternehmen oder Immobilienprojekten und versuchen, etwas daraus zu machen. So haben wir auch durch Nachdenken und persönliches Engagement so manche Firma wieder flott gekriegt.

Das hätte vermutlich keiner von uns allein geschafft. Doch wie bereits gesagt, hatten wir des Öfteren auch längere Durststrecken und große Schieflagen. Trotzdem hat diese Zusammenarbeit trotz vieler „Auf und Abs“ über Jahrzehnte hinweg erstklassig funktioniert, weil wir uns menschlich gut verstehen.

Dieser Freundeskreis hat zum Beispiel vor Jahren die Firma URBANA gekauft, aus dem Bereich der ehemaligen Neuen Heimat. Die Firma befasst sich vornehmlich mit der Energieversorgung von großen Wohnblocks und dem Management von Heizkraftwerken. Dazu gehörte auch ein kleiner Bereich, der Antennenanschlüsse für Wohnhäuser vermarktete. Die Chancen und das Potenzial dieses Geschäfts haben wir anfangs gar nicht richtig erkannt, bis wir dann das überraschende Angebot bekamen, die Antennensparte zu einem sehr guten Preis an die Veba zu verkaufen. Und die hat später im Rahmen eines größeren Paketes alles zu einem noch höheren Preis an eine ausländische Firmengruppe weiterverkauft.

Sicherlich haben Sie aber nicht nur gute Geschäfte gemacht.

Nein, leider nicht. Mit einem Hochhaus in Toronto zum Beispiel, von dessen enormem Wertsteigerungspotenzial wir felsenfest überzeugt waren, haben wir gewaltige Verluste gemacht, weil der Immobilienmarkt in Kanada urplötzlich total zusammenbrach. Oder mit unserer Beteiligung an Girmes, wo wir viel Geld verloren haben.

Auch sonst gab es immer wieder mal Enttäuschungen und Rückschläge, wie beispielsweise mit der Förderung meiner beiden Hagener Erfinderfreunde Hansi Gebhard und Norbert Umlauf. Beide versuchen, patentgeschützte Erfindungen zu vermarkten. Experten haben diesen Erfindungen ein beachtliches Marktpotenzial prognostiziert. Doch die wenigen großen industriellen Partner, die für die Vermarktung infrage kommen, haben nicht zugegriffen. Anstatt die Erfinder zu unterstützen und zu fördern, haben sie ihre eigenen Entwicklungsabteilungen beauftragt, sich was Ähnliches einfallen zu lassen. Die wollten wohl die Lizenzkosten sparen. Das war ernüchternd.

Nach diesen Erfahrungen verstehe ich jetzt, warum viele Erfinder lieber ihr Glück im Ausland versuchen und viele deutsche Patente im Ausland landen. Umso mehr bewundere ich, dass meine beiden Erfinderfreunde nicht die Geduld verlieren, sondern dranbleiben – obwohl ihnen der Wind voll ins Gesicht bläst.

Bei Ihren privaten Engagements geht es also rauf und runter.

Das kann man so sagen. Aber per saldo hat es sich gut gerechnet. Glück hatten wir zum Beispiel nach großen Anfangsschwierigkeiten mit dem Erwerb der Firma KALORIMETA, die Dienstleistungen für Wohnungsgesellschaften und Hausbesitzer durchführt. Als Wärme- und Wasserverbrauchsmesser ist sie die Nummer 3 oder 4 in Deutschland. Außerdem erwarben wir die problembehaftete Firma Permatech. Die stellt automatische Schmiergeräte her, zum Beispiel für Windkraftanlagen oder Rolltreppen, die regelmäßig und möglichst kostengünstig geschmiert werden müssen. Also Dienstleistungsfirmen mit einem Touch von Hightech. Als wir diese beiden Unternehmen kauften, standen sie kurz vor dem Abgrund; jetzt sind es moderne Dienstleistungs- und Produktionsbetriebe mit guten Marktpositionen.

Ein anderes Unternehmen – Püschmann in Wuppertal – ist spezialisiert auf das Verpacken von Stahl. Deren Geschäft ist jahrelang gut gelaufen, leidet zurzeit jedoch dramatisch unter der Weltwirtschaftskrise, weil der Stahlmarkt total zusammengebrochen ist und deshalb kaum noch etwas verpackt werden muss. Da dieses Unternehmen stocksolide finanziert ist, können wir zurzeit noch in Ruhe den Markt beobachten und hoffen, dass die Zeiten irgendwann einmal wieder besser werden.

Und mit meinen Freunden Karl-Hans Junker – genannt „Jumbo" – aus Hagen und Klaus-Dieter Huth habe ich seit 35 Jahren gemeinsame Immobilienbeteiligungen. Weil der Senior nie etwas mit Immobilien zu tun haben wollte, war ich in diesem Bereich besonders vorsichtig. Alleine traute ich es mir zunächst nicht zu. Doch zu dritt hat es hervorragend funktioniert, weil wir partnerschaftsfähig sind, gemeinsam eine Menge Know-how auf die Waage bringen und dadurch sehr viel stärker sind als jeder für sich allein.

Das gilt auch für die Revitalisierung eines mitten in Hagen liegenden Fabrikgeländes mit denkmalgeschütztem Baubestand aus der Gründerzeit. Oberbürgermeister und Stadtrat wollten dort kein weiteres Einkaufszentrum, sondern diesen alten, attraktiven Baubestand für eine Groß-Disco, Restaurants, Bowling, Entertainment und Büros nutzbar machen. Gemeinsam mit meinen beiden kreativen Partnern Heiner Kieft und Hans-Joachim Wabbel haben wir das Projekt dann auf Drängen der Stadt in Angriff genommen – allerdings die damit verbundenen Schwierigkeiten völlig unterschätzt. Zwischendurch waren wir öfter mal drauf und dran, die Brocken hinzuschmeißen. Doch dann haben wir uns gegenseitig motiviert und weitergemacht. Hans-Joachim Wabbel, der das Projekt bauseitig vor Ort betreute, hatte sicher den größten Stress, doch wir alle waren gefordert und mussten uns aktiv einbringen. Jetzt, nach zehn Jahren, zeichnet sich endlich Licht am Ende des Tunnels ab.

An diesen Beispielen kann man sehen, dass es rauf und runter ging und dass es für mich sinnvoll war, zu diversifizieren und mit Partnern zu kooperieren, statt alles auf eine Karte zu setzen. So waren unvermeidliche, oftmals völlig überraschende Rückschläge etwas leichter zu verkraften. Das alles war spannend und lehrreich.

Sie sind noch an der Adi GmbH beteiligt, einer Inkassofirma, die laut „Spiegel" einen etwas zweifelhaften Ruf zu haben scheint.

Mein früherer Douglas-Vorstandskollege Jan Maiwaldt hatte die Idee, ins Factoring-Geschäft mit Endverbrauchern einzusteigen. Die von uns gegründete Adi GmbH kauft Forderungen, zum Beispiel von Zahnärzten gegenüber deren Patienten oder von Dienstleistungsbetrieben gegenüber deren Kunden. So unter anderem auch Forderungen von Bestattungsunternehmen gegenüber Hinterbliebenen für Bestattungskosten. Auf diese Weise verhelfen wir kleineren Firmen, die keine oder nur sehr teure Bankkredite bekommen, zu Liquidität und ermöglichen deren Kunden, ihre Rechnungen in Raten abzuzahlen.

So haben beispielsweise viele Menschen nicht das Geld, um die Kosten einer unvorhergesehenen Beerdigung von heute auf morgen zu bezahlen. Das trifft insbesondere auf Berlin zu, wo viele alte Leute leben. Deshalb kommen die Bestattungsunternehmen und

Friedhofsgärtner auf unsere Finanzierungsfirma zu und fragen, ob wir bereit sind, ihnen deren Forderungen gegen die nur zu Ratenzahlungen fähigen Hinterbliebenen abzukaufen.

Alle Beteiligten – Bestatter wie Hinterbliebene – sind froh über die von uns angebotene Problemlösung. Länger als sechs Monate dauert die Rückzahlung meistens nicht, weil die Leute alles, was mit Beerdigungen zusammenhängt, möglichst schnell hinter sich bringen wollen. Folglich haben wir relativ wenige Zahlungsausfälle, und deswegen sind diese Forderungsankäufe per saldo auch rentabel.

Ich wüsste nicht, was daran anrüchig oder zweifelhaft sein sollte. Die Irritation ist dadurch entstanden, dass der „Spiegel" in einem seiner typischen Kurzberichte den Eindruck erweckte, ich sei ins Bestattungsgewerbe eingestiegen. Das ist schlicht und einfach falsch!

Vom Mai 1969 bis Juni 2001 führt Jörn Kreke den aus der Hussel AG hervorgegangenen Douglas-Konzern. 1993 holt er seinen Sohn Henning Kreke als Vorstandsassistenten ins Unternehmen. Er hat – nach dem Beispiel des Vaters – an der University of Texas seinen „Master" gemacht und anschließend in Kiel promoviert. 1997 wird Henning Kreke Mitglied des Douglas-Vorstandes für die Bereiche Mode/Sport, Immobilien und Investmentcontrolling.

Im Alter von 61 Jahren übergibt Jörn Kreke den Vorstandsvorsitz an seinen Sohn, damals 36 Jahre alt, und wechselt selber in den Aufsichtsrat. Als Aufsichtsratsvorsitzender bezieht er sein Büro in der Konferenzetage der Douglas-Hauptverwaltung – weit weg von den Büros des Zentralvorstands. Für räumliche Distanz zu seinem Nachfolger ist also gesorgt.

Sie sind noch voller Tatendrang. Weshalb haben Sie sich eigentlich so früh aus dem operativen Geschäft verabschiedet?

Ich war überzeugt, mein Sohn schafft das. Warum also sollte ich nach 36 Jahren Vorstandstätigkeit, davon 32 Jahre als Vorsitzender, noch länger warten? Zudem stand das Unternehmen blendend da. Also sagte ich zu meinem Sohn: „Du bist jetzt so weit, du kennst das Unternehmen und bekommst nun die große Chance zu zeigen, was du kannst. Das Einzige, was dir noch fehlt, ist eine kritische Situation, wo es mal so richtig gegen dich läuft, wo du kämpfen und strampeln musst. Doch die wird mit Sicherheit kommen, und dann ist es gut, wenn du schon einige Zeit das Ruder in der Hand hattest."

Außerdem war klar, dass ich mich nicht langweilen würde, weil ich genügend unternehmerische und sonstige Aufgaben und Interessen außerhalb von Douglas habe.

Ende 2000 habe ich den Aufsichtsrat informiert, dass ich an Henning übergeben möchte. Das Gremium – mit Ausnahme des an diesen Überlegungen maßgeblich beteiligten Herrn Dr. Sandler – war total überrascht. Die Damen und Herren gaben mir aber zu verstehen, das sei in Ordnung, wenn ich noch als Aufsichtsrat dabeibleiben würde. Das wollte ich auch. Denn ich wusste, dass Henning mich noch einige Zeit als Ratgeber und Sparringspartner an seiner Seite haben wollte.

So etwas geht in Zukunft wohl nicht mehr. Schließlich will der Gesetzgeber, dass ausgeschiedene Vorstände erst nach einer Zweijahresfrist in den Aufsichtsrat gewählt werden dürfen.

Dieser politische Schnellschuss ist nicht durchdacht. Denn es könnte passieren, dass dann auf einmal nur noch Leute über die Zukunft eines Unternehmens entscheiden, die gar nicht wissen, worauf es ankommt. Zum Beispiel könnte bei uns eine gut gemeinte, Kosten sparende, straffe Zentralisierung verheerende Langzeitfolgen haben. Das für Fachgeschäfte unerlässliche Individuelle und Persönliche ginge den Bach runter. Durch solche logisch erscheinenden, aber trotzdem falschen Entscheidungen käme Douglas schnell auf die schiefe Bahn, und keiner der Beteiligten würde überhaupt so richtig verstehen warum. Um die richtigen Zukunftsentscheidungen treffen zu können, gehört in den Aufsichtsrat wenigstens eine frühere Führungskraft, die das Unternehmen und dessen Kultur ganz genau kennt.

Hatte Ihr Sohn, ebenso wie Sie mit Ihrem Vater, eine Vereinbarung gehabt, wann er die Nachfolge antritt?

Nein. Er war sehr überrascht und erfreut, dass er plötzlich die Chance bekam. Er traute sich das auch zu. Am Tag der Übergabe – der Hauptversammlung im Juni 2001 – bin ich hier in mein neues Büro eingezogen, um klar und deutlich zu signalisieren, dass die Musik ab sofort nicht mehr bei mir spielt. Deshalb bin ich auch seit meinem Ausscheiden nur in ganz wenigen Ausnahmefällen mal in seinem Büro gewesen. Stattdessen treffen wir uns meistens montags in meinem Büro zu einem Gedankenaustausch. Wir reden nicht über die Details des täglichen Geschäfts, sondern über strategische und grundsätzliche Fragen. Aus den Entscheidungsprozessen halte ich mich konsequent heraus. Es sei denn, es geht um Fragen, die laut Gesetz und Satzung der Zustimmung des Aufsichtsrats bedürfen.

Gibt es Mitarbeiter, die weiterhin versuchen, mit Ihnen zu sprechen, um etwas durchzusetzen?

Nein. Alle kennen die Spielregeln und wissen, dass die Entscheidungen vom Vorstand beziehungsweise von den Geschäftsleitungen getroffen werden. Wenn Mitarbeiter mal zu mir kommen, dann geht es eher um ein Brainstorming oder ein Coaching-Gespräch. Das macht mir Spaß, und dafür stehe ich – wenn gewünscht – gerne zur Verfügung.

Würden Sie sagen, Sie sind ein aktiver Aufsichtsratsvorsitzender?

Ich halte mich auf dem Laufenden, spreche offen und gerne mit unseren Leuten, aber wohlgemerkt nicht, um Dinge zu entscheiden. Die Leute wollen hören, was meine subjektive Meinung ist. Und wenn ich dem einen oder anderen mit Rat helfen kann, dann umso besser. Vor allem geht es mir darum, die Douglas-Unternehmenskultur des fairen, unkomplizierten Miteinanders, des offenen Gesprächs, der

Gisela und
Jörn Kreke

Gisela Kreke mit (von links) Schwiegertochter Jane aus Dallas (Texas) und ihren Töchtern Jacqueline und Nathalie

Jörn Kreke mit (von links) Sohn Henning und den Schwiegersöhnen Michael Hinderer und Torsten Thau

Oben: Gisela und Jörn Kreke mit ihren Kindern, deren Ehepartnern und ihren acht Enkeln

Unten: Bruder Henning Kreke (links) und Jörn Kreke mit Enkelin Stella (rechts)

Oben: Mutter Erne Kreke als Navigatorin von Herbert Eklöh und mit ihren Söhnen Henning (links) und Jörn

Unten: Bernd Kreke, die Großeltern Johanna und Valentin Graf sowie Herbert Eklöh im besten und im reiferen Alter

Oben: Die Hamburger Freunde und Partner Albert Büll (links) und Klaus-Dieter Huth mit Gisela Kreke

Unten: Jörn und Gisela – seit fast 50 Jahren miteinander glücklich

Jörn Kreke 1956 als Obstverkäufer im Eklöh-Supermarkt, Köln, Severinstraße

Jörn Kreke mit Heinrich Hanhausen. Im Hintergrund Herbert Eklöh mit Erne Kreke und Herbert Eklöh jun.

Prägende Persönlichkeit: Paul K. Halstead beim „Store-Check“

Der langjährige Aufsichtsratsvorsitzende Dr. Guido Sandler anlässlich seiner Wahl zum Ehrenvorsitzenden der DOUGLAS HOLDING AG 2001

Jörn Kreke mit Hans Hellwig (links) und mit Gisela Kreke und Karl Ruttner in Wien (rechts)

Langjährige Weggefährten: Karl-Hans „Jumbo" Junker und Heinz Schmidt (links)
Rechts: Jörn Kreke mit Hartmut Eklöh (links) und Herbert Eklöh jun.

Oben: Eröffnung in Hamburg (von links): Hans Hellwig, Lieselotte Kattelmann, Karlheinz Sigl, Anton Hörl, Dieter Vennewald, Klaus-Diether Hübenthal und Fred Torno

Links: Jörn Kreke mit Margarete Pinkowski, stellvertretende Aufsichtsratsvorsitzende

Rechts: Langjährige Vorstandskollegen (von oben): Hans Hellwig, Heinz Schmidt, Hartmut Eklöh, Dr. Wolfgang Thomanek, Jan-Christoph Maiwaldt und Gabriele Traude-Stopka, die in 2000 als erste Frau in den Vorstand berufen wurde

„Douglas-Macher": Hans Hellwig und Anton Hörl (oben links), Karlheinz Sigl mit Elke Vahldiek (oben rechts), Jörn Kreke mit Claus Mingers (unten links), Ernst Brändlin mit Ulrike Grabe und Michael Brixner mit Iris Zeidler und Henning Kreke (unten)

„Management by walking around" – Für den Einzelhändler Jörn Kreke gibt es nichts Schöneres, als in den Fachgeschäften vor Ort unterwegs zu sein. Hier bei der feierlichen Eröffnung des „DOUGLAS-Lifestyle-Hauses" in Frankfurt mit Henning Kreke, Claus Mingers und Heinz Kruse

Jörn Kreke mit Ulrike Wollek und Mitgliedern des Dortmunder Douglas-Teams (oben links), im Gespräch mit Elke Vahldiek und Gisela Schmalenbach (oben rechts), in der Thalia-Buchhandlung in Krefeld mit Jürgen Könnecke, Andrea Nolte-Jansen und Agnes Wieland und in einem Hamburger Christ-Juweliergeschäft (unten rechts)

Oben: Jörn Kreke mit NRW-Wissenschaftsministerin Gabriele Behler (links) anlässlich seiner Ehrenpromotion und (rechts) mit „Schokoladenkönig“ Hans Imhoff

Mitte: Jörn Kreke im Gespräch mit Rudolf-August Oetker und Pater Basilius Streithofen

Unten: Bei der Verleihung des Deutschen Marketingpreises 1986 durch DMV-Präsident Kurt Kauler

Links: Mit NRW-Ministerpräsident Wolfgang Clement und Architekt Markus Birker (Mitte) bei der Schlüsselübergabe des von Douglas gesponserten „Hauses der Wissenschaft und Weiterbildung" (Arcadeon) in Hagen

Mitte: 2001 mit Bundespräsident Johannes Rau und Rektor Helmut Hoyer beim Festakt zum 25-jährigen Bestehen der Fern-Uni Hagen

Unten: Mit dem „Goldenen Zuckerhut", dem bedeutendsten Preis der Lebensmittelbranche

Verleihung „Deutscher Handelspreis" („Lifetime Award") 2003,
Jörn Kreke mit seinem Douglas-Erfolgsteam

Das Herz der DOUGLAS-Gruppe: Die sympathischen und kompetenten Mitarbeiterinnen und Mitarbeiter. Sie sorgen Tag für Tag in über 2000 Fachgeschäften in über 20 Ländern dafür, dass ihre Kunden sich wohlfühlen, gerne einkaufen und gerne wiederkommen

Fehlertoleranz und des Zuhörens immer wieder ins Bewusstsein zu rufen. Das ist die Basis unseres Erfolges!

Sie hatten doch sicher auch einen Plan B. Was wäre gewesen, wenn Ihr Sohn sich als Fehlbesetzung für den Vorstandsvorsitz entpuppt hätte?

Klar, ich hatte mir das sehr genau überlegt. Wenn er die Sache nicht in den Griff bekommen hätte, wäre ich aufgrund meiner falschen Entscheidung als Aufsichtsratsvorsitzender zurückgetreten. Dann hätte der Aufsichtsrat eine andere Lösung finden müssen.

Der ebenso bekannte wie scharfzüngige Herausgeber des Wirtschaftsmagazins „Capital", Johannes Gross, veröffentlichte 1995 seine „Bestenliste deutscher Unternehmer". Darin fanden sich so klangvolle Namen wie Hermann Josef Abs (Deutsche Bank), Eberhard von Kuenheim (BMW), Hans L. Merkle (Bosch) und Helmut Maucher (Nestlé).

Mit dabei: der Douglas-Chef. Johannes Gross: „Jörn Kreke (Hussel, Douglas) ist ein Hochtalent im Marketing, der traditionellen Schwachstelle unserer Wirtschaft; niemand übertrifft ihn in der Kunst, Gutes gut zu verkaufen."

Sie sind für Ihre unternehmerische Leistung mehrfach ausgezeichnet worden: Ehrendoktor der FernUniversität Hagen, Deutscher Handelspreis, „Award of Excellence", „Beautyworld Cup". Welche Ihrer Ehrungen bedeutet Ihnen besonders viel?

Ich habe mich aus Überzeugung immer für das Fernstudium eingesetzt, weil es Späteinsteigern und Außenseitern eine Riesenchance bietet, aufzuholen und mitzuhalten. Über viele Jahre war ich Vorsitzender der Gesellschaft der Freunde der FernUniversität. Dass dieses Engagement mit einem Ehrendoktor gewürdigt wurde, hat mich einerseits völlig überrascht und andererseits sehr gefreut. Überrascht auch deshalb, weil ich den Ehrendoktor nicht von der wirtschaftswissenschaftlichen, sondern von der sozialwissenschaftlichen Fakultät verliehen bekommen habe.

Sie haben der FernUniversität Hagen einen Lehrstuhl gestiftet. Gab da der Wunsch, Gutes zu tun, den Ausschlag, oder erhoffen Sie sich auch Erkenntnisgewinne für den Handel und für Ihr Haus?

Der Hintergrund war ein anderer: Es ging darum, dass die FernUniversität zusätzliche Professoren brauchte, um das schnelle Wachstum zu bewältigen. Gemeinsam mit Rektor Helmut Hoyer habe ich darüber seinerzeit mit der damaligen Wissenschaftsministerin, Frau Anke Brunn, verhandelt. Sie war zwar bereit, eine Professur zu bewilligen, aber wir brauchten mehr. Im Gespräch zeigte sich sehr bald, dass es ihr leichter fallen würde, darüber hinaus auch zwei Professuren zu bewilligen, wenn es der FernUni gelänge, zwei weitere Lehrstühle aus eigener Kraft zu finanzieren.

Das war die Initialzündung zur Idee von Stiftungsprofessuren. Eine davon wurde von der Sparkasse Hagen übernommen, die andere von mir. Eine ähnliche Aktion wollen wir jetzt noch einmal starten, um den Aufbau eines hochkarätig besetzten wissenschaftlichen Kompetenzzentrums mit internationaler Ausstrahlung für E-Knowledge, E-Learning und E-Intelligence an der FernUniversität zu ermöglichen.

Die Stiftungsprofessur hat damals 1 Million Mark gekostet. Ich habe das Geld an den Stifterverband der Deutschen Wirtschaft zweckgebunden gespendet. Der Stifterverband erhöhte diese Summe dann noch mal um rund 20 Prozent aus eigenen Mitteln. Das war die Basis für den Douglas-Stiftungslehrstuhl.

Haben Sie das als Privatmann gemacht?

Ja. Doch ich habe den Lehrstuhl nach Douglas benannt, weil ich das Unternehmen in den Vordergrund stellen wollte. Aber es sollte nicht mit den Kosten belastet werden.

Eigentlich hätten Sie mehr Zeit für Privates, seit Sie nicht mehr an der Vorstandsspitze stehen. Gibt es irgendein Ziel, das Sie noch erreichen wollen: das Golf-Handicap verbessern? Im Himalaja klettern?

Am liebsten möchte ich die nächsten Jahre noch engen Kontakt zum Unternehmen halten, mich dafür einsetzen, dass die Douglas-Unternehmenskultur erhalten bleibt und weiterentwickelt wird. Sie muss den Leuten, gerade in einer Fachgeschäftsgruppe, immer wieder erklärt und nahegebracht werden. Nur mit hoch motivierten Mitarbeitern werden wir auch den Sprung in die nächste Größenordnung schaffen.

Außerdem möchte ich weiterhin viel reisen, um auf dem Laufenden zu bleiben, um neue Trends zu erkennen, und ich möchte mich mit meinen langjährigen Freunden und Partnern öfter mal treffen, um zu klönen und ab und zu mal wieder was Neues anzuschieben. Als Unternehmer kann man es eben nicht lassen. Deshalb steht der Himalaja auch nicht auf meiner Wunschliste.

Können Sie sich überhaupt vorstellen, nicht mehr im Unternehmen involviert zu sein?

Ich fühle mich gesundheitlich gut und stehe unter dem Eindruck, dass die Damen und Herren im Management sich noch gerne mit mir zum Gedankenaustausch treffen, um über Chancen und Risiken zu diskutieren. Auch im Aufsichtsrat ist die Zusammenarbeit ausgesprochen konstruktiv und offen. Da kommen viele Ideen auf den Tisch, die sich bereits in anderen Unternehmen bewährt haben. Dann gilt es abzuwägen, welche dieser Ideen von Douglas übernommen werden können und welche wegen Douglas-interner Besonderheiten nicht oder nicht sofort. Da ich das Unternehmen mit seinen handelnden Personen sehr genau kenne, kann ich hier noch einiges zur Entscheidungsfindung beitragen. Deshalb macht mir diese beratende Tätigkeit auch nach wie vor viel Freude.

Doch eins ist klar: Meine Amtszeit läuft noch bis März 2013. Eine Wiederwahl ist gemäß unseren Corporate-Governance-Grundsätzen nicht mehr möglich. Sofern ich bis dahin gesund bleibe, werde ich dann also meine Douglas-Karriere beenden. Dann wäre ich auch genau fünfzig Jahre im Unternehmen tätig gewesen.

Und außerhalb des Unternehmens bleiben Sie doch sicher auch noch aktiv?

Ich war über viele Jahre Vorsitzender des Freundeskreises der FernUniversität in Hagen und habe diese Hochschule gut kennengelernt. Nun bin ich 2008 zum Vorsitzenden des Hochschulrats gewählt worden. Diese Tätigkeit macht mir Freude, weil mich das Konzept dieser Hochschule mit inzwischen über 60 000 Studierenden fasziniert. Hier wird ambitionierten Männern und Frauen mit oder ohne Abitur, die aus unterschiedlichen Gründen bisher nicht studieren konnten, die Chance geboten, akademische Abschlüsse vom Bachelor bis zur Promotion und Habilitation zu erwerben oder sich in berufsnotwendigen Fächern weiterzubilden.

Deshalb bin ich gerne dem Ruf gefolgt, die Hochschule in dieser ersten Phase der Abkoppelung von staatlicher Reglementierung und Bevormundung aktiv und unternehmerisch dabei zu unterstützen, ihr Profil zu schärfen, ihren Bekanntheitsgrad zu steigern und sich erfolgreich in Lehre und Forschung weiterzuentwickeln. Die Zusammenarbeit und die gemeinsame Suche nach guten Problemlösungen mit den höchst kompetenten, kreativen und eigenwilligen Leuten der FernUni ist für mich ein faszinierendes und herausforderndes Erlebnis. Auch dort läuft meine Amtszeit bis 2013, dann ist Schluss.

Wenn jetzt eine Würdigung über den Unternehmer und Manager Jörn Kreke erschiene, was müsste darin stehen? Er hat alles erreicht, was er wollte?

Vielleicht so: Ich freue mich über das, was ich unternehmerisch erreicht habe. Ich wäre aber, wenn Sie mich so fragen, gerne aktiver in der Politik gewesen. Doch ich habe festgestellt, dass ich die besonderen Fähigkeiten und Begabungen eines Politikers nicht habe. Ich hätte also nur hinter den Kulissen aktiv sein können. Das hätte ich zwar gerne gemacht, es hat sich aber leider nicht so ergeben.

5.
Douglas – der Lifestyle-Konzern

»Einen Hauch von Luxus
leisten sich die Menschen immer«

Als Herbert Eklöh 1969 den Vorstandsvorsitz der Hussel AG an Jörn Kreke übergibt, steckt das Süßwaren-Unternehmen in Schwierigkeiten. Die Preisbindung ist gefallen, und die Gewinne sind entsprechend geschrumpft. Bei einem Umsatz von umgerechnet 41 Millionen Euro erzielt Hussel gerade noch einen Gewinn von 50 000 Euro.

Der neue junge Mann an der Spitze sucht sein Heil in der Diversifikation – das Zauberwort der Siebzigerjahre. Er steigt in den Parfümeriemarkt ein, kauft Drogeriemärkte. Es folgen Buchhandlungen und Schmuckgeschäfte, schließlich auch Modegeschäfte. Zugleich macht sich Douglas daran, von Hagen aus „die Welt" zu erobern, eröffnet eigene Läden in Europa und in den Vereinigten Staaten, erwirbt im Ausland etablierte Geschäfte und gliedert sie ein.

Aber bei Weitem nicht alle Akquisitionen erweisen sich als Glücksgriffe, nicht jede Restrukturierung wird ein Erfolg. Im Nachhinein mag der Aufstieg der kleinen Hussel AG zum Douglas-Konzern als eine einzige Erfolgsgeschichte erscheinen. Tatsächlich führte der Weg zum Gipfel durch viele tiefe Täler und in manche Sackgasse.

Jörn Kreke hätte nicht erreicht, was er erreicht hat, wenn er nicht ein Gespür für neue Entwicklungen im Einzelhandel gehabt hätte, einen wohl vom Vater ererbten siebten Sinn. Dazu kommt noch ein weiteres Erfolgs-Gen: die Fähigkeit, eigene Fehler offen anzusprechen und schnell wieder zu korrigieren. Deshalb liest sich die Douglas-Geschichte wie eine nie enden wollende Abfolge von Käufen und Verkäufen, von Erfolgen und Reinfällen.

Als Jörn Kreke 2001 in den Aufsichtsrat wechselt, sind die Früchte dieser Strategie unübersehbar. Der Fachgeschäftskonzern gliedert sich in fünf Bereiche: Parfümerien, Buchhandlungen, Schmuckgeschäfte, Mode und Süßwaren in zwei Dutzend Ländern. Aber das Haus Douglas, das Jörn Kreke seinem Sohn übergibt, ist nicht aus Beton – es ist so konstruiert, dass weitere An- und Umbauten jederzeit möglich sind.

Als Sie 1969 den Vorstandsvorsitz übernahmen, hatten Sie da schon bestimmte Vorstellungen, wie sich die Hussel AG entwickeln sollte? Sahen Sie schon den Fixstern „Lifestyle-Konzern" am Horizont?

Nein, das hat sich Schritt für Schritt ergeben und begann mit unseren Überlegungen, in eine zukunftsträchtigere neue Branche einzusteigen. Mit dem Senior hatte ich bereits so abenteuerliche Beteiligungen wie zum Beispiel eine westfälische Schinkenfabrik analysiert. Bis meine Frau mir dann zufällig einen Hinweis in Richtung Drogerien gab. Wegen unserer drei kleinen Kinder war Gisela damals Stammkundin in der örtlichen Drogerie Hoffmann.

Eines Tages sagte sie zu mir: „Ihr strampelt euch mit euren Süßwaren ab und verdient nichts. Unser Drogist hier um die Ecke baut dagegen schon das dritte Mal um. Der scheint richtig Geld zu verdienen. Irgendwas machst du verkehrt mit deinen vielen Hussel-Läden. Red' doch mal mit dem! Vielleicht könnt Ihr euch zusammentun ." Also redete ich mit diesem tüchtigen Drogisten, doch der hatte kein Interesse, sich mit uns zusammenzutun.

Waren Sie enttäuscht?

Nein, wie sich schnell herausstellte, war das unser Glück. Denn zur selben Zeit eröffnete in Hagen mit riesigem Tamtam ein Fachgeschäft, das sich als „Deutschlands größte Parfümerie“ bezeichnete. Das war auch nicht übertrieben, denn der Hagener Unternehmer Wolfgang Gierse hatte die Firma „Er & Sie“ gekauft, die damals mit sieben oder acht Filialen in der Tat Branchenerster war.

Wir hatten zu der Zeit 175 Hussel-Läden, und ich dachte, wenn Gierse mit acht Parfümerien die Nummer 1 sein kann, dann müssten wir mit unseren Filialbetriebserfahrungen doch ganz sicher in der Lage sein, ruck, zuck 50 oder 60 Parfümerien zu eröffnen und Marktführer zu werden. Aus meiner Sicht konnte das Management von Parfümerien doch eigentlich nicht so viel komplizierter sein als das von 175 Süßwaren-Filialen.

Wie der Zufall es wollte, sind wir zu der Zeit gerade umgezogen und wurden Nachbarn von Gierse. Bereits kurz darauf haben wir angefangen zu verhandeln: Ob er sich vorstellen könnte, dass wir Partner werden oder dass er sein Unternehmen an uns verkauft? Ein Joint Venture mit uns schien ihn zu interessieren. Wir befanden uns schon kurz vor Vertragsabschluss, als er es sich ganz plötzlich noch einmal anders überlegte. Er wollte doch lieber unabhängig und eigenständig bleiben.

Daraufhin habe ich angekündigt, dass wir es dann alleine versuchen würden. Halb lachend, halb ernst sagte er: „Wenn du wüsstest, wie schwierig diese Branche ist.“ Ich habe das zunächst nicht richtig ernst genommen, doch er hatte recht: Man konnte nicht mit ein oder zwei Parfümerien starten, weil man von der Industrie nicht beliefert worden wäre. Es ging also nur über den Weg, dass man etablierte Parfümerien aufkaufte. So haben wir es dann auch gemacht und über Firmenmakler und Banken in ganz Deutschland Kontakte zu den Top-Geschäften geknüpft.

Sie haben zuerst Hanhausen übernommen.

Die Firma Hanhausen hatte damals sieben Parfümerie-Seifengeschäfte in Braunschweig – zwei große und fünf kleine, die später geschlossen wurden. Das Hauptgeschäft „Am Damm 9“ in der Fußgängerzone sollte gerade in ein riesiges Fachgeschäft mit 600 Quadratmetern Verkaufsfläche umgebaut werden.

Mit Heinrich Hanhausen habe ich mich auf Anhieb allerbestens verstanden. Er hatte den Einzelhandel von der Pike auf gelernt und schon ganz früh als junger Mann mit dem Pferdefuhrwerk in Hamburg Budnikowskis Seifensortiment verkauft. Er war Perfektionist, sehr kritisch, wusste über alles Bescheid und achtete auf die Details. Er war genau der richtige Partner für unseren Einstieg in eine neue Branche, mit viel Erfahrung und der Bereitschaft, uns mit Rat und Tat zur Seite zu stehen.

Doch schon vor der Hanhausen-Übernahme war klar, dass wir unbedingt einen geeigneten Mann für den Aufbau unseres Parfümeriebereichs brauchten. Also suchte ich per Anzeige einen „Geschäftsführer für Deutschlands größtes Parfümerie-Unternehmen“. Es bewarb sich Hans Hellwig, der Abteilungsleiter für Parfümerie, Schmuck und Schreibwaren beim Kaufhof in Bonn. Er war fasziniert von dem, was ich ihm erzählte und was wir vorhatten. Auf einmal fragte er: „Herr Kreke, ich weiß, dass Hussel ein Betrieb mit vielen Süßwarenläden ist, doch wie viele Parfümerien haben Sie denn eigentlich? Meine Antwort: „Zurzeit noch gar keine. Deutschlands größtes Parfümerie-Unternehmen wollen wir erst noch werden.“ Das gefiel ihm. Er hat daraufhin beim Kaufhof gekündigt, obwohl ihn seine damaligen Kollegen für verrückt erklärt haben.

Hans Hellwig war einer, der die Branche kannte, der genau wusste, worauf es ankam, und der ein unglaubliches Gespür für Mitarbeiter hatte. Am 1. Januar 1969 legte er bei Hanhausen in Braunschweig los, und mit Herrn Hanhausen kam er bestens zurecht. Sonst wäre unser Einstieg ins Parfümeriegeschäft vermutlich auch schiefgegangen.

Um auf Nummer sicher zu gehen, habe ich für Hanhausen gleich noch einen zweiten Geschäftsführer eingestellt; der sollte Braunschweig machen, und Hans Hellwig sollte nach kurzer Einarbeitung in

Süddeutschland loslegen. Doch schon nach wenigen Wochen zeichnete sich ab, dass Hellwig bis auf Weiteres in Braunschweig bleiben musste; der andere packte es nicht und verließ das Unternehmen zum Ende der Probezeit. In Anbetracht der Eröffnungshektik unserer neuen Großparfümerie in Braunschweig hat Hellwig dann sogar auf seine Hochzeitsreise verzichtet. Das wurde ihm von uns allen hoch angerechnet, sogar von dem ansonsten sehr kritischen und spärlich lobenden Heinrich Hanhausen.

Wie ging's dann weiter?

Nach dieser heißen Eröffnungsphase war Hanhausens Sohn Peter bereit, Braunschweig zu machen, und Hellwig sollte und wollte nach Süddeutschland, wo er schon bald in Darmstadt und Mannheim zwei frühere Hussel-Läden erfolgreich in Hanhausen-Parfümerien umwandelte. Diese Geschäfte wurden dann nach langwierigen Lieferantengesprächen dank der langjährigen Beziehungen mit Hanhausen in Braunschweig auch beliefert – jedenfalls von den meisten Firmen. Doch leider ging dann die nächste große Eröffnung in Saarbrücken total daneben.

Dieser Laden lief aus unerklärlichen Gründen überhaupt nicht. Offensichtlich machten wir was falsch. Deshalb bat ich Heinrich Hanhausen um Rat. Wir fuhren also nach Saarbrücken, wo uns ein hochgradig nervöser und sichtlich besorgter Hans Hellwig empfing. Er dachte: Jetzt gibt's Ärger. Hanhausen schaute sich das Geschäft sehr, sehr gründlich an, sagte aber kein Wort, sondern lud uns zur Manöverkritik in den Personalraum ein. Die Spannung war kaum zu überbieten.

Und dann kam es: Hanhausen sah Hans Hellwig in die Augen und sagte: „Kompliment, Herr Hellwig, das ist ein toller Laden. Alles ist perfekt, die Saarbrücker haben das nur noch nicht kapiert.“ Und Hanhausen behielt recht: Nur wenige Monate später ging in dem Geschäft die Post ab; es setzte sich an die Spitze aller Parfümerien und blieb über viele Jahre die ertragsstärkste Filiale des gesamten Unternehmens.

Dieses Erlebnis hat mich ungemein beeindruckt. Hanhausen war aufgefordert worden, Kritik zu üben. Doch er tat aus innerer Überzeugung genau das Gegenteil. Er lobte, machte Mut und verbreitete Optimismus. Hellwigs Angst und Sorge wandelten sich in Zuversicht und Selbstbewusstsein. Dieses souveräne Verhalten des alten Hanhausen hat meine Art der Unternehmensführung entscheidend beeinflusst.

Hellwig hat Douglas dann ganz souverän und mit großer Fach- und Menschenkenntnis aufgebaut. Er war über viele Jahre im Konzern-Vorstand für den Parfümeriebereich und später auch für Schmuck zuständig. Noch heute sitzt er in den Beiräten von Douglas und Christ. Überall, wo er unsere Läden besucht, wird er freudig begrüßt. Er genießt zu Recht in den Filialen und in der Zentrale höchstes Ansehen. Sein Nachfolger Claus Mingers ist in große Fußstapfen getreten, die er erfreulicherweise mit viel Kreativität und großer Dynamik sehr erfolgreich ausfüllen konnte. Nun ist dessen Nachfolger Reiner Unkel gefordert.

Wie hat Herbert Eklöh das alles als Aufsichtsratsvorsitzender begleitet?

Er war begeistert. Er hatte sich in der Nähe unserer Zentrale, mitten im Wald am Hengsteysee, in einem Fachwerkhaus eine Büroetage angemietet. Im Wald deshalb, weil er bewusst Abstand von der Firma haben wollte. Dort trafen wir uns einmal in der Woche, gingen mit seinen Hunden – zwei riesigen Hovawarten – spazieren und sprachen über die Geschäfte. Er steuerte ständig viele neue Ideen bei, die ich dann allerdings sortieren musste, weil er mit vielem seiner Zeit weit voraus war. Er war mein Sparringspartner; immer anregend, konstruktiv und optimistisch.

Nach dem Erwerb von Hanhausen ging es bei den Parfümerien ja Schlag auf Schlag weiter.

Das kann man wirklich so sagen. Neben mehreren kleineren Akquisitionen von Einzelgeschäften erwarben wir zum 1. Januar 1970 in

Hamburg die Parfümerie Douglas mit sechs Filialen, unter anderem am Neuen Wall und am Jungfernstieg. Douglas war die Top-Adresse in der Branche, aber eine kleine Firma. Als ich dem Senior berichtete, dass der Umsatz bei circa 2 Millionen D-Mark und der Kaufpreis bei rund 2,5 Millionen läge, hat er mich sehr ernsthaft gefragt, ob ich tatsächlich für solche kleinen Läden so viel Geld ausgeben wollte. Unser Großaktionär Rothfos, der auch im Aufsichtsrat vertreten war, verkaufte daraufhin seine Aktien. Wir sollten uns doch besser auf unsere Süßwarengeschäfte konzentrieren, statt solche Risiken einzugehen.

Gott sei Dank war es dann doch die richtige Entscheidung. Auch deshalb, weil wir Karlheinz Sigl, den Assistenten des damaligen Inhabers Arno Hunger, mit einkaufen konnten. Obwohl mir der Verkäufer noch den ausdrücklichen Hinweis gab, ich sollte ganz schnell einen Neuen suchen, denn „der kann es ganz bestimmt nicht". Das war eine totale Fehleinschätzung, über die wir noch viele Jahre später oft gelacht haben, vor allem, wenn der höchst erfolgreiche Sigl wirklich mal mit einer Entscheidung danebenlag.

Sie hatten offenbar bei Ihren Personalentscheidungen eine glückliche Hand.

In jener Zeit habe ich mehrere Leute eingestellt, die Douglas maßgeblich geprägt haben. Da hatte ich in der Tat eine Phase mit einem besonders glücklichen Händchen. Diese Männer der ersten Stunde – Karlheinz Sigl im Norden, Anton Hörl im Süden, Claus Mingers im Westen und etwas später im Rahmen des Erwerbs seiner Firma auch Michael Brixner für die Regionen Berlin und Stuttgart – waren alle Volltreffer. Jeder kämpfte in seiner Region um die Marktführung, und alle versuchten, sich gegenseitig mit neuen Konzepten und Ideen zu übertrumpfen.

Hier kamen die Vorzüge der Dezentralität voll zum Tragen, so auch, wenn ich die eine oder andere neue Idee zur Diskussion stellte. Einer aus der Truppe würde mit Sicherheit ohne lange Diskussionen ein

Experiment wagen. Wenn es dann lief, hatte der Betreffende die Nase vorn, und die anderen hechelten hinterher. Oder es lief nicht, dann wurde das Ganze stillschweigend begraben.

Alle waren mehr oder weniger miteinander befreundet, und doch herrschte untereinander ein intensiver Wettbewerb, der das Unternehmen regelrecht nach vorne katapultierte. Das alles funktionierte, weil die gesamte Mannschaft sehr unternehmerisch und entscheidungsfreudig agierten konnte.

Wie ging es dann weiter mit den Akquisitionen?

In dieser dynamischen Anfangsphase haben wir Anfang 1971 auch die Parfümerie Gehlsen in Hamburg gekauft. Insbesondere die Verhandlung mit dem Hausbesitzer war denkbar schwierig. Der wollte mit uns partout keinen langfristigen Mietvertrag abschließen. Doch wir haben es dann trotz des hohen Kaufpreises bei nur kurzem Fest-Mietvertrag riskiert, weil wir den Laden in bester Lage – Mönckebergstraße/Spitaler Straße – unbedingt haben wollten, vor allem auch wegen der dort tätigen Geschäftsführerin Lieselotte Kattelmann.

Diese branchenbekannte, besonders tüchtige Frau wollte ich schon vorher abwerben lassen, doch sie zeigte uns die kalte Schulter. So erging es einige Monate später auch meiner Frau, die auf meine Bitte ganz vertraulich einen weiteren Anlauf unternahm. Doch all unser gutes Zureden half nichts – sie lehnte konsequent ab. Deshalb haben wir trotz des Mietvertragsrisikos die Firma gekauft, und es wurde eine super Partnerschaft – sowohl mit dem Vermieter als auch mit Frau Kattelmann.

Wenn sie anderer Meinung war oder etwas erreichen wollte, redete sie kämpferisch auf uns ein. Oftmals schneller, als man zuhören konnte. Doch in Bezug auf Fachkompetenz, Qualitätsbewusstsein und Loyalität konnte ihr keiner das Wasser reichen. Das Geschäft gehört bis heute, nach mehreren Vergrößerungen, zu den Top-Filialen von Douglas.

Unser damaliges schnelles und erfolgreiches Wachstum war sicher zu einem Großteil darauf zurückzuführen, dass es uns gelang, Einzelkämpfer und Einzelhandelstalente wie Lieselotte Kattelmann in unsere Firmengruppe zu integrieren und zu Höchstleistungen zu motivieren.

Wurden diese Talente auch besonders honoriert?

Zunächst mal wurden sie fair bezahlt. Wenn's besonders gut lief, gab's dann noch was obendrauf. Und wenn bestimmte, hochgesteckte Ziele erreicht wurden, fuhren wir mal mit einer kleineren Gruppe und mal mit einer größeren Gruppe zum Beispiel nach Fernost, um uns in Hongkong neue Ladenkonzepte anzuschauen. Oder wir flogen nach Amerika, um in den Headquarters unserer wichtigsten Lieferanten herauszufinden, wo aus deren Sicht die Reise hingeht. Solche Reisen haben neue Ideen gefördert, motiviert und zur Identifikation mit dem Unternehmen beigetragen. Das gelingt aber nur, wenn die Reisen professionell bis ins Detail vorbereitet werden.

Erinnern Sie sich an eine Reise ganz besonders?

Ja! Als Hellwig, Sigl und ich einmal in New York bei einem Glas Wein zusammensaßen, wollten wir hochrechnen, wie sich Douglas in den kommenden Jahren wohl entwickeln könnte. Die von uns unterschriebene Serviette, auf der unsere Vision festgehalten wurde, existiert noch heute. Wenn ich so daran denke, wie wir da saßen und uns die Zukunft ausmalten ... Und dann haben wir tatsächlich alle Zahlen übertroffen!

Diese legendäre Serviette – die „Blaupause" für den Douglas-Aufstieg – wurde am 29. September 1972 im New Yorker Restaurant „Old Bourbon Steak House" von Jörn Kreke, Hans Hellwig und Karlheinz Sigl, dem damaligen Chef der Hamburger Douglas-Geschäfte, unterschrieben. Auf dieser Serviette wurde für 1973 ein Umsatzziel von umgerechnet 25 Millionen Euro genannt. Das war gegenüber den 23 Millionen des Jahres 1972 ein eher bescheidenes Wachstumsziel. Denn bis zum Jahr 1980, so der Plan des Trios, sollte der Parfümerie-Umsatz auf 88 Millionen Euro in die Höhe schießen.

Auf der Serviette ist aber auch vermerkt, dass Hans Hellwig das gemeinsam vereinbarte Ziel für zu bescheiden hielt. Er nennt für 1980 die von den beiden anderen als utopisch angesehene Umsatzzahl von 100 Millionen Euro. Jedoch zeigte sich, dass selbst diese Umsatzprognose noch zu zurückhaltend war: Tatsächlich wurden im Jahr 1980 bereits stolze 124 Millionen Euro umgesetzt.

Als die drei Herren ihre Zukunftsvisionen entwarfen, bestand der „Hanhausen-Douglas GmbH Parfümeriebereich" aus 59 Parfümerien mit 17 verschiedenen Namen, eine Folge der vielen Zukäufe alteingesessener Geschäfte. Ein einheitliches Marketing und eine klare Profilbildung waren da nicht möglich. Deshalb firmierten nach vielen Gesprächen von 1976 an alle Parfümerien unter dem Namen Douglas.

Sie hatten als junger Vorstandsvorsitzender offenbar das richtige Gespür für den Einstieg in den Parfümeriemarkt.

Bei unseren Akquisitionen im Parfümeriemarkt hatten wir Glück, denn kaum eine dieser Firmen hatte Leichen im Keller. Da hat alles gepasst. Unsere Strategie, den Parfümeriemarkt in Deutschland zu erobern, war durchdacht, sehr professionell und bestimmt kein Zufall. Aber Erfolg macht ja auch blind. Der Cashflow, den wir erwirtschafteten, war hoch und musste angelegt werden. Wir konnten aber im Parfümeriebereich nicht schneller wachsen, weil Hans Hellwig – unterstützt von unserem vorsichtigen Finanzvorstand Heinz Schmidt – weitere Zukäufe nur äußerst behutsam angehen wollte, vor allem im Ausland. Die Risiken erschienen ihnen zu hoch, weil eben jeder neue Markt wieder völlig anders war.

Beide Herren achteten konsequent darauf, dass wir uns nicht übernahmen. Und schnelleres Wachstum im Inland, in Österreich und in Holland war kaum möglich, denn man kann erstklassige Fachgeschäfte nicht einfach so aus dem Boden stampfen. Die Gefahr, dass man schnell seinen guten Ruf verliert, ist groß. An jedem Standort müssen die Kunden neu überzeugt werden. Das erfordert viel Liebe zum Detail, denn den Kunden ist es egal, ob wir groß sind oder klein. Sie erwarten Top-Sortimente, Top-Service und Top-Qualität an jedem Standort. Nur das zählt!

Wir standen also unter einem gewissen Druck, in andere Branchen zu diversifizieren. Dieser Druck kam von Analysten und von Aktionären. Also habe ich mich damals zu weiteren Diversifikationsschritten verleiten lassen, teilweise in Bereiche, die wir besser nicht angefasst hätten.

Sie haben ja schon erzählt, dass die Micron-Übernahme in Amerika Hussel fast in den Konkurs getrieben hätte.

Ja, wir haben durch teure Fehler gelernt, dass wir nicht alles können. Deshalb zogen wir uns da, wo es anders kam als erwartet, zurück und kauften gleichzeitig an anderer Stelle etwas Neues hinzu. Das war eine wilde Zeit. Wir sind zum Beispiel in den Versandhandel für „Schmuck aus Pforzheim" eingestiegen. Aber von dem Geschäft verstanden wir nichts, weil Versand eine völlig andere Denke erforderte als unser bisheriges Geschäft.

Wir probierten auch ein Geschäft für exklusive italienische Bad-Accessoires aus. Doch die Installateure weigerten sich, diese Accessoires einzubauen, weil sie Ärger mit ihren örtlichen Großhändlern befürchteten. Oder unsere ersten Mono-Brand-Shops, wo wir unter der Marke „Saint Claire" exklusive Blusen verkauften: Dieses Konzept war für „Stand-alone-Filialen" aufgrund viel zu hoher Miet- und Betriebskosten ungeeignet.

Sie waren doch damals auch noch im Lebensmittel-Einzelhandel aktiv.

Das gehörte in der Familie irgendwie dazu. Deshalb kauften wir drei Discount-Filialbetriebe in Süddeutschland, Bremerhaven und Schleswig-Holstein. Das ging eine Zeit lang sehr gut; es wurde auch vernünftig verdient. Ende der Siebzigerjahre hatten Lebensmittel den größten Anteil am Konzernumsatz.

Doch andere Lebensmittelunternehmen wuchsen schneller. Es zeichnete sich ab, dass wir mit unseren drei Betrieben langfristig in Schwierigkeiten geraten würden. Deshalb verkauften wir die Betriebe an Coop, obwohl sie zu der Zeit annähernd sechzig Prozent unseres gesamten Umsatzes ausmachten und rentabel waren – aber eben ohne langfristige Perspektive.

Bei Kupa, unserem Lebensmittelunternehmen in Erlangen, war übrigens mein Bruder Henning erfolgreicher Mitgeschäftsführer. Er hat maßgeblich dazu beigetragen, dass wir es später zu einem guten Preis verkaufen konnten. Danach ist er aus unserer Unternehmensgruppe ausgeschieden, weil er in Süddeutschland bleiben wollte, um sich selbstständig zu machen.

Manches lief gut, manches lief schlecht. Eine Erfolgsgarantie gibt es wohl nicht.

Es ist sicher richtig, dass wir in diesen Jahren des Öfteren zu übermütig waren, weil es insgesamt so erfolgreich lief. Doch wenn es nicht so lief wie geplant oder sich am Horizont dunkle Wolken abzeichneten, zogen wir schnell die Konsequenzen.

So waren wir zeitweilig auch ein großer Anbieter im Drogeriemarktbereich. Das war Hartmut Eklöhs Baby, der von Drogeriemärkten genauso begeistert war wie einige Jahre zuvor bereits der Senior. Wir fingen also mit der Eröffnung eines Fuchs-Drogeriemarktes in der Düsseldorfer Altstadt an, wuchsen sehr schnell und fusionierten später mit Drospa, dem marktführenden Unternehmen in Berlin. Unser gesamter Drogeriemarkt-Bereich arbeitete mit guten Ergebnissen.

Als sich dann einige Jahre später die Chance einer Fusion mit „Ihr Platz“ – einem bundesweit agierenden Drogeriemarkt-Unternehmen – ergab, wollten wir zugreifen, um im Kreis der Branchengrößten mitzumischen. Doch „Ihr Platz“ bestand darauf, die Mehrheit zu bekommen. Da wir deren Geschäftsführung nicht zutrauten, dieses große Unternehmen mit zwei völlig unterschiedlichen Firmenkulturen erfolgreich nach vorne zu bringen, haben wir uns ganz aus diesem Markt zurückgezogen.

Denn Minderheitsgesellschafter bei „Ihr Platz“ wollten wir nicht sein, und alleine waren wir nicht groß genug, um Marktführer zu werden und dem zunehmenden Verdrängungswettbewerb standzuhalten. Wir haben unsere Drogeriemarktgruppe deshalb Ende 1999 komplett an „Ihr Platz“ verkauft. Das war keine leichte Entscheidung. Rückblickend für die Douglas-Gruppe sicherlich richtig, aber für unsere Drogeriemarktsparte leider falsch. Denn meine Befürchtungen in Bezug auf die mangelhafte Führungskompetenz des „Ihr-Platz“-Managements haben sich leider bewahrheitet. Das Unternehmen ging einige Jahre später in die Insolvenz.

Aber Ihre Diversifikationsstrategie war doch alles in allem erfolgreich.

Darüber lässt sich streiten; vielleicht wäre es richtiger gewesen, wenn wir höhere Dividenden ausgeschüttet hätten, statt immer wieder neue Risiken einzugehen. Doch ohne diese Erfahrungen mit vielen Höhen und Tiefen wären wir vermutlich nicht da, wo wir heute sind.

Unser damaliger Aufsichtsrat konnte erfreulicherweise immer wieder von Neuengagements überzeugt werden, weil er uns zutraute, irgendwann auch mal wieder einen richtigen Treffer zu landen. Ein Beispiel dafür war unser Kauf der Firma Uhren Weiss als Einstieg in den Schmuckbereich.

Leon Weiss war ein sympathischer Chaot, ein Mann mit glänzenden und ungewöhnlichen Ideen. Ich erinnere mich noch gut daran, wie wir in Hagen unseren ersten Weiss-Laden eröffneten. Auf dem Weg in die Innenstadt erreichte mich ein Anruf des Oberbürgermeisters: „Kreke, seid ihr wahnsinnig geworden? Die ganze Stadt steht Kopf!" Der Grund: Viele Leute hatten die Nacht schlafend vor dem Laden verbracht, um eine günstige Uhr zu ergattern. Genau zur Eröffnung wurde ihm dann per einstweiliger Verfügung verboten, die Uhren so billig zu verkaufen. Also hat er angefangen, sie zu verschenken, weil das ja nicht verboten war. Da war der Teufel los.

14 Tage später eröffneten wir einen zweiten Weiss-Laden in Nürnberg auf der Breiten Straße. Weiss verlangte eine Hundertschaft der Polizei, um des bevorstehenden Andrangs Herr zu werden. Die Ordnungsbehörde sagte, gerade sei der Kaufhof mit 12 000 Quadratmetern ohne eine Hundertschaft Polizei eröffnet worden. Auf die Frage, wie groß denn sein Laden sei, antwortete Weiss „100 Quadratmeter" und empfahl den verdutzten Polizisten, doch unbedingt einmal in Hagen anzurufen und sich zu erkundigen, wie es dort gelaufen sei. „Und dann machen Sie auf Ihre Verantwortung, was Sie für richtig halten."

Am Tag der Eröffnung gab es von 5.30 Uhr morgens an ständige Radiodurchsagen, die Nürnberger sollten bitte die Innenstadt wegen befürchteter Verkehrsbehinderungen meiden. Trotzdem brach alles zusammen, als Weiss den Laden aufmachte.

Der Mann war genial, sympathisch und irgendwie verrückt. Er blieb noch für einige Jahre, zunächst als Geschäftsführer, bei uns. Wir brauchten ihn wegen seiner Marketingideen, die zwar unkonventionell waren, den Namen Uhren Weiss jedoch sehr schnell bekannt machten.

Aber irgendwann war dann Schluss mit dem Spaß. Unsere Wege trennten sich. Er ging nach Los Angeles, machte da wieder Filialen auf, und auch da standen die Kunden Schlange, weil sie sich über seine Marketing-Gags amüsierten. Im liberalen Amerika konnte er all das machen, was unsere Wettbewerbsgesetze verbieten. Bei uns übernahm dann Hans Hellwig im Rahmen seiner Vorstandstätigkeit die

Zuständigkeit für Uhren Weiss und brachte das Unternehmen auf soliden Kurs: mit attraktiven Fachgeschäften im mittleren Preissegment, die gute Erträge erwirtschafteten.

Leon Weiss war ja wohl ein Original.

Das kann man allerdings sagen. Dazu fällt mir noch eine für ihn typische Anekdote ein: Irgendwann lud er mich spontan zur Hochzeit seiner Tochter nach München ein. Wir wollten uns an dem besagten Tag um 20 Uhr in der Halle vom Hotel „Bayerischer Hof" treffen – im Smoking! Als er jedoch nicht erschien, fragte ich den Portier, wo die Hochzeit denn stattfinde. Der wusste von nichts. Auch nicht seine Kollegen in den benachbarten Hotels.

Als ich dann etwas ratlos bei Leon Weiss zu Hause anrief, war er überraschenderweise sofort am Telefon und fiel aus allen Wolken. Er hatte völlig vergessen, mir zu sagen, dass der Termin verschoben worden war. Doch egal, ich sollte einen Augenblick im Hotel auf ihn warten, er würde sofort kommen. Kurz darauf tauchte er tatsächlich auf – ebenfalls im Smoking! Er lud mich dann als Wiedergutmachung zu einem feudalen Kaviar-Essen ein. Die anderen Gäste und die Bedienung kamen – genau wie ich – aus dem Staunen nicht raus. Alle rätselten, was wir beide im Smoking wohl zu feiern hätten. Doch so war er eben – charmant, gastfreundlich und chaotisch.

Und wie kam es zum Erwerb von Christ?

Christ gehörte den mir aus Lebensmittelzeiten gut bekannten Herren Hans Reischl und Klaus Wiegandt. Die wollten 1994 wegen der hohen Kapitalbindung verkaufen. Als sich für uns die Chance ergab, Christ zu kaufen, gingen die Meinungen zunächst stark auseinander. Aus heutiger Sicht war der Kauf richtig. Doch es hat enorm viel Kraft gekostet, Christ und Weiss unter einem Dach zu vereinigen, weil zwei Unternehmenskulturen aufeinandertrafen, die unterschiedlicher nicht sein konnten.

Bei Weiss ging es eher locker zu. Christ, mit einer gewaltigen Zentrale in Hanau, war ein starrer Traditionsbetrieb. Es hat Jahre gedauert, bis die Firmen Weiss und Christ zusammengewachsen sind. Weiss war zu der Zeit zwar finanziell erfolgreicher, doch Christ hatte den besseren und zukunftsträchtigeren Namen für höherwertige Sortimente. Deshalb war die Umwandlung von Weiss zu Christ anfangs ein enormer Kraftakt, doch auf lange Sicht trotzdem richtig. Seit unser junger, konsequenter Bereichsvorstand Manfred Kroneder nach mehreren Managementwechseln die Zügel in die Hand genommen hatte läuft's wieder rund. Es ist eine Freude zu sehen, wie die gesamte Christ-Mannschaft geschlossen hinter ihm steht und das Unternehmen nach vorne bringt.

Anfang der Achtzigerjahre sind Sie auch ins Buchgeschäft eingestiegen, haben die Mehrheit bei „Montanus aktuell" übernommen. Was steckte da dahinter?

Das hing mit meinen Hamburger Verbindungen zusammen. Der inzwischen verstorbene Verleger des „Stern", John Jahr senior, wurde durch seine beiden tüchtigen Generalbevollmächtigten Rudolf Illies und Klaus Unger vertreten. Wir kannten uns durch gemeinsame Immobilien- und Firmenbeteiligungen. Die beiden erzählten, Jahr sei an Montanus beteiligt, ob wir kein Interesse hätten? Das sahen wir als Chance, in den noch sehr zersplitterten deutschen Buchmarkt einzusteigen, und griffen zu.

„Montanus aktuell" war ursprünglich als Bahnhofsbuchhändler angetreten, hat sich dann aber zunehmend auf circa 100 Quadratmeter große Buchhandlungen mit Bestseller-Sortimenten in Top-Innenstadtlagen spezialisiert, verdiente aber leider kein Geld. Da passte es gut, dass wir etwa zwei Jahre später von der charmanten Karin Stilke noch deren gut 150 Bahnhofsbuchhandlungen mit vergleichbarem Sortiment dazukaufen konnten. Wir glaubten, das würde der Durchbruch. Doch weit gefehlt: Trotz dieser neuen Größe lief es nicht so richtig rund. Irgendetwas machten wir falsch.

Durch Zufall hörte ich, dass Helmut Nahrmann, erfahrener Vertriebsvorstand von Springer, dort ausscheiden würde. Ich habe dann Nahrmann aufgrund seiner Reputation als Top-Vertriebsmann gefragt, ob er Lust hätte, die Geschäftsführung von Stilke zu übernehmen, um unseren Buchbereich nach vorne zu bringen. Es wäre doch sicher interessant für ihn, auch einmal die andere Seite – nämlich die des Handels – kennenzulernen.

Es wurde schnell klar, dass eine Zusammenarbeit mit ihm teuer werden würde. Seine Gehaltsvorstellungen sprengten unseren Rahmen, das hätte Unruhe und Ärger gegeben. Also schlug ich ihm vor, anstelle eines Anstellungsvertrages einen 2-Jahres-Beratungs-Vertrag mit Erfolgsbeteiligung abzuschließen: nicht unter 400 000 Mark, aber nicht über 1 Million. Da hat er sich reingehängt, und nach zwei Jahren verdiente das Unternehmen Geld und er die Million. Peng! Dass er damals mehr verdiente als wir im Hussel-Vorstand, das hat uns überhaupt nicht gestört.

Später war Nahrmann dann jahrelang der höchst erfolgreiche Chef von URBANA und KALORIMETA, bis er vor einigen Jahren altersbedingt ausgeschieden ist.

Trotz aller Erfolge von Herrn Nahrmann: Sie betreiben längst keine Bahnhofsbuchhandlungen mehr.

Das stimmt. Als wir endlich rentabel waren, haben wir die vielen kleinen Läden zu einem guten Preis verkauft. Denn rückblickend hatten wir mit unseren Bahnhofsbuchhandlungen in der Branche falsch angefangen. Aus Sicht des klassischen Sortimentsbuchhandels waren wir keine richtigen Buchhändler: zu schmalspurig, zu wenig Kompetenz und zu wenig Beratung.

Um den Durchbruch zum Marktführer zu schaffen, mussten wir uns in eine andere Richtung bewegen. Diese Chance eröffnete sich Anfang der Achtzigerjahre mit dem Erwerb der angesehenen Universitätsbuchhandlung Phoenix in Bielefeld. Da hat sich mein Vorstandskollege

Heinz Schmidt intensivst engagiert. Bald darauf wurden uns dann über Professor Wolfgang Bernhardt die Herder-Buchhandlungen angeboten, von denen wir die besten Geschäfte gekauft haben.

Erst jetzt begannen wir, im Buchhandel richtig mitzumischen. Wir wurden ernst genommen und bekamen erstmals kompetente Buchhändler ins Unternehmen. Von da an haben wir uns voll und ganz auf die großen Sortimentsbuchhandlungen konzentriert. Nach vielen kleinen und mittleren Zukäufen gelang mir dann Anfang 2001 nach unendlich komplizierten und langwierigen Verhandlungen mit Jürgen Könnecke, sozusagen als meine letzte Amtshandlung als Vorstandsvorsitzender, die Fusion mit dem Hamburger Traditionsunternehmen Thalia. Das hatte ich mir viele Jahre so gewünscht und vorgestellt. Und das war dann auch der entscheidende Durchbruch unseres Buchbereichs in Richtung Marktführerschaft. Jetzt – acht Jahre später – hat Könnecke sich ganz überraschend bei mir bedankt, dass ich ihn damals mehr oder weniger zu seinem Glück gezwungen habe. Er hatte sich ein so großes, inzwischen auch international agierendes Buchhandelsunternehmen einfach nicht vorstellen können.

War das ein strategischer Zukauf nach dem Motto „The winner takes it all"?

Schön wär's, doch vom „winner" waren wir zunächst noch Lichtjahre entfernt. Zudem bergen solche Fusionen große Risiken. Es müssen auf einmal Menschen zusammenarbeiten, die sich bisher als Konkurrenten bekämpft haben. Jeder ist von seiner Firmenphilosophie überzeugt, jeder will das Beste, so wie er es interpretiert, und in vielen Fällen wird über Jahre gegeneinander gearbeitet. Das hatten wir bei Christ erlebt. Im Buchbereich ist es uns Gott sei Dank weitgehend erspart geblieben. Heinz Schmidt, unser Thalia-Partner Jürgen Könnecke und unser Nachwuchsmann Michael Busch, der über Nacht vom Controlling zum Buchhandelsmanager umsattelte, rauften sich zusammen.

Schritt für Schritt wurden – ähnlich wie zuvor bei Douglas und bei Christ – alle Geschäfte in Thalia umbenannt. Die betriebswirtschaftlichen

Systeme wurden miteinander verzahnt, und das Marketing bekam nach und nach eine einheitliche Handschrift. Gleichzeitig sollten die Filialen ihre Eigenständigkeit und ihr eigenes lokales Profil behalten.
So ein Prozess dauert, weil unendlich viel Überzeugungsarbeit zu leisten ist. Doch im Hauruck-Verfahren hätten wir die Mitarbeiter verunsichert, wichtige Führungskräfte verloren und die Kunden irritiert. Unsere zuvor gemachten Erfahrungen beim Aufbau von Douglas und Christ haben uns sicher geholfen, unnötige Fehler zu vermeiden.

Ganz besonders hat uns darüber hinaus immer die enge Verzahnung mit den Inhabern geholfen; deren Know-how und deren Goodwill waren Gold wert. Ohne Unterstützung von Jürgen Könnecke hätten sich bestimmt nicht so schnell so viele Platzhirsche des deutschen Buchhandels zu uns gesellt. Insofern war das Zusammengehen mit Thalia ein großer strategischer, aber auch riskanter Schritt.

Heinz Schmidt war in dieser Phase für mich so besonders wichtig, weil er als Finanz- und Zahlenmensch vieles durch eine andere Brille sah, vorsichtiger war und schon frühzeitig warnte, wenn sich Probleme am Horizont abzeichneten. Ich habe genau hingehört, wenn er etwas sagte, und erst danach entschieden – sehr oft in seinem Sinne. Als Schmidt mich seinerzeit bat, ihm die Verantwortung für den Buchbereich zu übertragen, war ich zunächst überrascht, habe dann aber gern zugestimmt. Und das war rückblickend genau richtig. Er hat das Unternehmen systematisch nach vorne gebracht und gleichzeitig den späteren Thalia-Chef Michael Busch sehr engagiert unterstützt und gefördert.

Sie und Ihre wichtigsten Führungskräfte haben ja wohl in Hagen gewohnt und gearbeitet. Hatten Sie auch in Ihrer Freizeit untereinander Kontakt?

Wenn es sich ergab, sehr gerne. Schmidt, Eklöh, Mingers und ich trafen uns des Öfteren mehr oder weniger zufällig im Golfclub. Thomanek war mein unmittelbarer Nachbar, und mit Hellwig und seinem Douglas-Team habe ich viele Reisen unternommen. Wir verstanden uns menschlich gut, auch wenn wir nicht immer einer Meinung waren.

Sie haben zu einem ganz frühen Zeitpunkt, nämlich schon 1971, die Hussel AG zur Holding umstrukturiert mit zwei operativen Gesellschaften: Süßwaren und Parfümerien. War das weise Voraussicht? Oder eher eine Zufallsentscheidung?

Das hat sich im Rückblick als wichtig und richtig herausgestellt. Ausgangspunkt war, dass ich Hellwig als Vorsitzenden der Geschäftsführung für den Parfümeriebereich nach Hagen holen wollte. Doch er wollte nicht nach Hagen, weil er nichts mit dem Süßwarenbereich zu tun haben wollte. Wir mussten also die Bereiche scharf trennen, damit uns Hellwig nicht von der Fahne ging. Denn ohne ihn hätten wir es vermutlich nicht geschafft.

Die Trennung von Süßwaren und Parfümerien machte auch deshalb Sinn, weil es sich um unterschiedliche Unternehmen mit unterschiedlichen Sortimenten handelt und auch völlig unterschiedlichen Qualifikationsanforderungen an die Mitarbeiterinnen und Mitarbeiter.

So waren zum Beispiel die Gehälter in den Parfümerien höher. Das hat die Mitarbeiterinnen der Süßwarensparte zunächst irritiert, doch nach der Trennung haben sie sich schnell daran gewöhnt. Weil ihnen bewusst wurde, dass die Anforderungsprofile anders waren und die unterschiedliche Bezahlung deshalb auch gerechtfertigt war.

Wir haben die Trennung der einzelnen Geschäftsbereiche konsequent durchgehalten, weil nur so jede Firma ihr eigenes Profil entwickeln und auch konsequent umsetzen kann.

Sind Sie mit der heutigen Struktur des Konzerns zufrieden? Ist die DOUGLAS HOLDING AG so aufgestellt, wie Sie sich das vorgestellt haben?

Ja, der Konzern ist insofern klar strukturiert, als wir für alle Geschäftsbereiche die dazu passenden Warenwirtschafts- und Abrechnungssysteme haben. Dazu kommen klare Spartenzuständigkeiten mit voll verantwortlichen Vorständen für die großen Blöcke Parfümerien, Bücher sowie Schmuck, Süßwaren und Mode. Darüber hinaus bietet die Holding-Struktur die Möglichkeit, Neues anzugliedern oder sich auch einmal von einem Bereich zu trennen, ohne damit das ganze Gebilde ins Wanken zu bringen. Man kann also, ohne alles durcheinanderzubringen, relativ unkompliziert Neues andocken und Unpassendes abtrennen.

Der Vorteil dieser Struktur ist zudem, dass klare Verantwortlichkeiten und Zuständigkeiten herrschen. Wird in einer Firma Know-how aus einem anderen Bereich benötigt, müssen sich diese Unternehmen untereinander arrangieren. Jede Sparte hat ihre eigene Führung und soll so gemanagt werden, wie es erforderlich ist, um in der jeweiligen Branche zu den Top-Firmen zu gehören. Wenn in einem Geschäftsbereich Probleme entstehen, können und sollen diese isoliert angegangen und gelöst werden, ohne dass dies die anderen Bereiche bei der Arbeit stört.

Hussel war ursprünglich ein regionales Unternehmen. Wie kam es eigentlich zu den vielen Auslandsengagements?

Hussel hatte bereits 1964 in der Schweiz die kleinen Filialen von Kaisers Kaffee erworben und in Süßwarengeschäfte umgewandelt. Anfangs lief es dort überhaupt nicht. Wir schlossen eine Filiale nach der anderen, bis unser dortiger Geschäftsführer, Heinz Feller, zu uns kam mit der Idee: „Weg vom Billiganbieter, hin zu mehr Qualität.“ Ich stimmte zu, allerdings unter der Voraussetzung, dass alle umgebauten und neu eröffneten Geschäfte den Namen Feller bekommen müssten, denn nur dann wären aus meiner Sicht die Risiken angemessen verteilt. Wir mussten zwar noch einmal kräftig investieren, aber Feller riskierte in der Branche seinen guten Namen. Er war zunächst erschrocken, forderte einige Tage Bedenkzeit und hat dann zugestimmt. Seitdem ging es ganz systematisch und stetig Schritt für Schritt bergauf.

Und wie fand Douglas den Weg ins Ausland?

Bei Douglas ging es mit der Internationalisierung Anfang der Siebzigerjahre los. Durch den Hinweis der charmanten Lancaster-Schulungsassistentin Gabriele Welland hörte ich 1972 von dem angeblich verkaufswilligen Karl Ruttner in Wien. Ihm gehörte das gleichnamige Unternehmen mit fünf kleinen Edel-Parfümerien in den besten Lagen von Wien. Alles war ganz ähnlich wie bei Douglas in Hamburg. Mein erstes Treffen mit dem noch sehr unentschlossenen Herrn Kommerzialrat Karl Ruttner war ein Volltreffer. Wir verstanden uns auf Anhieb, haben das Unternehmen gekauft und mit seiner Unterstützung systematisch weiterentwickelt.

Zwischen Ruttner und uns entstand eine langjährige, freundschaftliche Partnerschaft. So lud er zum Beispiel die gesamte Douglas-Mannschaft zum Opernball ein – natürlich mit Frackzwang. Mit Hellwig und mir ging er des Öfteren in die Staatsoper, wo er zu besonderen Anlässen immer gute Karten bekam. Mit Ruttner und seinem Geschäftsführer Manfred Pavlas wurden so auf die angenehmste Art Geschäftsbesprechungen mit kulturellen Highlights verbunden.

Die Verantwortung für unseren Ausbau in Österreich übernahm Anton Hörl, der neben Hellwig und Mingers zu den Männern der ersten Stunde gehörte. Hörl hat trotz eines schweren unverschuldeten Skiunfalls mit anschließender Gehbehinderung die Parfümerie Ruttner und seinen Geschäftsbereich Douglas-Süd mit enormem Engagement zu Top-Unternehmen entwickelt. Ich habe mich deshalb gefreut, dass auch ich ihm das eine oder andere Mal helfen und eine ganz persönliche Freude machen konnte. Daraus ist eine enge freundschaftliche Verbundenheit entstanden. Und seine oftmals wider den Stachel löckende Meinung hat nach wie vor großes Gewicht.

Dann wurden Sie in den Niederlanden aktiv.

In Holland, unserem zweiten Auslandsmarkt, hatte sich zu unserer Überraschung Mitte der Siebzigerjahre „Ihr Platz“ zusammen mit Oetker an den finanziell angeschlagenen Apollo-Parfümerien beteiligt. Doch das Herz des jungen Apollo-Geschäftsführers Bram Bot schlug schon damals sehr ausgeprägt in Richtung Douglas. Er war überzeugt, dass die Sanierung seines Unternehmens nur mit unserer Hilfe gelingen würde. 1980 konnten wir das Unternehmen dann tatsächlich für kleines Geld erwerben.

Die erforderlichen Aufräumarbeiten wurden federführend und höchst erfolgreich von Claus Mingers im Schulterschluss mit Bram Bot durchgezogen. Trotz der radikalen Umstrukturierung gelang es den beiden, die verunsicherten Mitarbeiter bei der Stange zu halten und zu Höchstleistungen zu motivieren. Holland entwickelte sich schnell zu einer echten Perle im Douglas-Portfolio, insbesondere dank der von Mingers erfolgreich inszenierten engen Verzahnung des dortigen Geschäftsführers Bram Bot mit dem obersten Douglas -Führungskreis. Auch hier zeigte sich wieder: Motivated people make the difference.

Wie sind Sie denn in den diversen Auslandsmärkten vorgegangen?

Unternehmerisch haben wir uns kreativ und flexibel vorgetastet. Die Generallinie musste immer die Douglas-Philosophie widerspiegeln – im Detail hatten die Landesmanager freie Hand, sich in Bezug auf Sortiment, Angebots-, Personal- und Beratungspolitik an die landesspezifischen Usancen anzupassen. In den meisten Fällen hat das funktioniert. Besonders gut zum Beispiel in Italien unter der Leitung von Jörg Mingers und gegen Ende der Neunzigerjahre auch in Polen und Russland.

Wir haben aber auch gelernt, uns konsequent aus Märkten zurückzuziehen, wenn wir dort nicht in einem überschaubaren Zeitraum zu den Marktführern aufrücken konnten.

Ein diesbezüglich krasses Beispiel war Belgien. Dort hatten wir 1990 ein kleineres Parfümerie-Unternehmen („Elle et Lui“) von Robert Löwenkron gekauft, mit der Zielsetzung, in absehbarer Zeit auch die größere, marktführende Firma seines Onkels – ICI Paris – zu erwerben. Wir wurden uns schon bald handelseinig. Alles lief wie geplant. Auch mit dem belgischen Kartellamt würde es keine Probleme geben. Sondierungsgespräche seien überflüssig, denn in Belgien sei noch nie eine Fusion untersagt worden. Na also.

Doch diese selbstbewusste Einschätzung unseres belgischen Kartellanwalts war leider total falsch. Das Kartellamt nahm den Erwerb von ICI Paris zum Anlass, erstmalig in Belgien Flagge zu zeigen und ein Exempel zu statuieren. Das Ergebnis war für uns alles andere als erfreulich: Die Fusion wurde untersagt, und wir haben uns 1994 enttäuscht und mit hohen Verlusten aus Belgien zurückgezogen.

Wir haben schon darüber gesprochen, dass Sie sehr früh bei Hussel eine Holding-Struktur eingeführt haben. Worin besteht heute eigentlich die Aufgabe der Holding?

In der Holding ist enormes Wissen über den Fachhandel gebündelt. Die Holding weiß, worauf es ankommt, um im Fachhandel erfolgreich zu sein. Die Holding hat jedoch kein spezielles Branchen-Knowhow. Deswegen suchen wir uns zum Eintritt in eine neue Branche jeweils den richtigen Partner, also jemanden, der die branchenbezogenen Spielregeln und Anforderungen genau kennt und über alle Branchen-Interna genau Bescheid weiß. Die Holding überwacht die Einhaltung der jeweiligen Zielvorgaben und steht den einzelnen Sparten mit ihrem Know-how zum Beispiel in den Bereichen Strategieberatung, Personalentwicklung, Organisation, Standortfragen, Bauwesen, Rechnungswesen, Steuern, Recht, Controlling und Kommunikation zur Verfügung.

Die Holding-Mitarbeiter helfen als Dienstleister dem Vorstand und den Geschäftsleitungen, die richtigen Entscheidungen zu treffen. Sie liefern Fakten zu neuen Akquisitionen und zur Beurteilung der laufenden Geschäftsentwicklung. Sie sollen als beratende Stabsleute oder Fachvorgesetzte frühzeitig Missstände erkennen und Korrekturmaßnahmen anstoßen.

Und eine Douglas-Philosophie gibt es doch sicher auch?

Wir wollen in den Marktsegmenten, in denen wir tätig sind, zu den marktführenden Anbietern gehören. Doch diese Zielvorstellung umzusetzen ist sehr viel komplizierter, als es auf den ersten Blick erscheint. Es fängt mit der richtigen Standortentscheidung für jeden Laden an. Dann geht es um die für den jeweiligen Standort passende Einrichtung, die richtigen Sortimente und, last but not least, um die richtigen Mitarbeiter. Das alles muss im Fachhandel sehr differenziert feingesteuert werden, denn jeder Standort ist anders – mit anderen Kunden, anderen Sortimenten und anderem Auftritt.

Das erfordert ein enges Zusammenspiel zwischen der Holding, den operativen Gesellschaften und den Mitarbeitern, die sich mit diesen Aufgaben identifizieren und einen Blick dafür haben, wo sich etwas Neues tut oder wo etwas aus dem Ruder läuft. Die Mitarbeiter in den Zentralabteilungen sollen unsere Vertriebsgesellschaften fördern, beraten und unterstützen. Wenn das funktioniert, macht unseren Leuten draußen in den Geschäften das Arbeiten Spaß. Und das merken dann auch die Kunden.

Und wie funktioniert dieses Zusammenspiel?

Das lässt sich nicht befehlen. Dieses Zusammenspiel ist über viele Jahre entwickelt worden und muss ständig aufs Neue angepasst und weiterentwickelt werden. Wenn es auf den Zwischenebenen knirscht, gibt es sofort Probleme in den Filialen. Ob es funktioniert oder nicht, lässt sich meistens am schnellsten durch Filialbesuche und Gespräche vor Ort feststellen. Wenn es da Irritationen gibt, dann geht das leider auch sofort zu Lasten der Kundenzufriedenheit.

Wir wollen, dass unsere Mitarbeiterinnen und Mitarbeiter in ihren Filialen eigenverantwortlich und so frei wie eben möglich selbst entscheiden. Das motiviert, fördert unternehmerisches Denken und führt zu Mitarbeiterzufriedenheit. Wir wissen aus Erfahrung, dass das wiederum unmittelbar zu größerer Kundenzufriedenheit führt. Wir sind überzeugt, dass in unseren Fachgeschäften unsere motivierten, unternehmerisch handelnden Mitarbeiter ganz entschieden zu unserem Erfolg beitragen. Deshalb haben Personalpolitik und Firmenkultur – also der Umgang miteinander – in der Douglas-Gruppe einen so hohen Stellenwert. Deswegen müssen sich die Zentralabteilungen in erster Linie als Dienstleister für unsere Filialen begreifen.

Ich war froh, Wolfgang Thomanek als Personalchef an meiner Seite zu haben. Er hat diese Philosophie mit Leben erfüllt, hatte seine Hand ganz nah am Puls und achtete mit Argusaugen darauf, dass unsere Führungsgrundsätze nicht nur auf dem Papier standen, sondern tatsächlich gelebt und praktiziert wurden. Unsere Glaubwürdigkeit in diesem Bereich hatte und hat für unseren Erfolg höchsten Stellenwert. Unser Wettbewerbsvorsprung beruht zu einem großen Teil darauf, dass wir das besser machen als die meisten anderen.

Die Holding steuert ganz unterschiedliche Aktivitäten. Wo gibt es denn innerhalb des Konzerns Synergieeffekte?

Der Ansatz für die Führung unserer unterschiedlichen Filialbetriebe ist stets der Gleiche. Deshalb haben wir einheitliche Konzepte für Organisation, Rechnungswesen und Controlling, für Standortsuche, Personalwesen, Mitarbeiterschulung und Unternehmensführung. Das und anderes mehr können wir in allen unseren Unternehmungen praktizieren und umsetzen.

Doch natürlich hat jede Branche darüber hinaus ihre Besonderheiten. Deren Ignoranz kann fatale Folgen haben. Wir gehen deshalb mit den neu hinzukommenden Unternehmen außerordentlich behutsam und partnerschaftlich um, damit uns deren Sachverstand erhalten bleibt. Es hat sich herumgesprochen, dass man mit uns gut zurechtkommen und gut zusammenarbeiten kann. Das wiederum hilft uns bei weiteren Akquisitionen. Das spezielle Know-how einer Branche kann man nämlich nicht so schnell lernen. Zudem soll jedes neu hinzukommende Unternehmen möglichst auch zusätzliches Know-how in unsere Firmengruppe einbringen, um neben der Größe vor allem auch unsere Qualität und Kompetenz zu verbessern.

Wir wollten wachsen und waren deshalb ständig auf der Suche nach zukunftsträchtigen Marktnischen und neuen Marketingkonzepten. Aber leider hat sich herausgestellt, dass es trotz gründlicher Analysen oftmals anders gekommen ist als erwartet. Vieles, was anfangs nach einem Selbstläufer aussah, entpuppte sich aus nicht vorhersehbaren Gründen als Flop.

Nennen Sie doch bitte einige Beispiele für derartige Fehlschläge.

Wir dachten zum Beispiel, Schmuck ist Schmuck, und übernahmen einen Spezialversender mit einem guten Namen. Doch wir mussten dann lernen, dass Versandhandel etwas ganz anderes ist als stationärer Einzelhandel. Im Einzelhandel kann man viel schneller agieren und reagieren. Im Versand muss man vorausdenken, was der Käufer in sechs oder neun Monaten möchte – weil dann erst der nächste Katalog verschickt wird. Ein ganz anderes Geschäftsmodell also.

Das beherrschten wir nicht. Jedes Mal, wenn wir die richtigen Erkenntnisse hatten, galten die für die vergangene Saison und nicht für die nächste. Deshalb trennten wir uns wieder vom Schmuckversand.

Wir haben testweise auch einige Mono-Brand-Shops eröffnet, also Geschäfte, in denen nur eine einzige Modemarke angeboten wird. Die Idee war richtig, doch wir hatten das falsche Sortiment: St.-Claire-Blusen. Das war Pech. Denn mit einer exklusiven Accessoire-Marke wäre das Konzept aufgegangen.

Doch am gravierendsten war unser Reinfall mit dem traditionsreichen Café Schucan am Prinzipalmarkt in Münster. Die Inhaberin wollte verkaufen. Doch nur an jemanden, der dieses Café auch ganz bestimmt auf hohem Niveau weiter betreiben würde. Das traue sie uns und – als geborene Schweizerin – auch unserem Schweizer Café-Geschäftsführer Feller zu. Alles lief also in die richtige Richtung. Über Kaufpreis und Mietvertrag bestand Einigkeit. Bis sie uns dann – im allerletzten Moment – mitteilte, dass sie sich entschlossen hätte, die zwischen uns abgesprochene Miete nun doch auf das Prinzipalmarkt-Niveau anzuheben. Das entsprach einer Verdoppelung! Dabei wusste sie genau, dass ein Café zu der Miete unmöglich rentabel betrieben werden konnte. Doch, so gab sie uns überraschenderweise zu verstehen, könnten wir das Café dann ja auch für andere Zwecke nutzen. Genau in dem Moment hätten wir aussteigen müssen.

Doch keiner von uns Nicht-Münsteranern hat die unglaubliche emotionale Bindung der Münsteraner Bürger und Studenten an „ihr" Café Schucan richtig eingeschätzt. Die Ankündigung der Schließung des Cafés führte fast zu einem Volksaufstand. Wir wurden auf der Straße und in Funk und Fernsehen aggressiv beschimpft; die Leute bespuckten unsere Schaufenster und Eingänge – nicht nur bei Schucan, auch bei Hussel, Douglas und Christ. Und die ehrenwerten Kaufleute am Prinzipalmarkt schimpften kräftig mit.

Wir waren auf einmal die Übeltäter – keiner redete über Frau Schucan. In meiner Not bin ich dann zum Oberstadtdirektor gegangen und habe ihm gesagt, dass wir bereit seien, der Stadt beziehungsweise der Kaufmannschaft am Prinzipalmarkt das Café zu schenken. Wir würden auf die Erstattung des von uns gezahlten Kaufpreises verzichten, doch im Gegenzug müssten sie den von Frau Schucan verlangten Mietpreis zahlen und das Café weiter betreiben.

Da hat es dann auf einmal geklickert. Das sei doch bei der Miethöhe ausgeschlossen ... und so weiter. Doch der Imageschaden ist über viele Jahre geblieben. Nur Frau Schucan hat sich vermutlich ins Fäustchen gelacht: Sie hat ihr Haus kurz darauf zum Höchstpreis verkauft und ist fröhlich und vergnügt zurück in die Schweiz gezogen. Vermutlich hatte sie einen supercleveren Münsteraner Berater, der sich diese Finesse ausgedacht hat – und wir sind prompt darauf reingefallen.

Sie verkauften ja auch mal Schuhe und Sportartikel.

In der Tat. Doch den Eintritt in die hochkomplizierte Schuhbranche hatten wir uns leichter vorgestellt. Es gelang uns einfach nicht, die

Voswinkel-Schuhgeschäfte erfolgreich in Städten mit alteingesessenen Platzhirschen zu positionieren, weil wir nämlich von den wichtigsten italienischen Markenherstellern nicht beliefert wurden. Deshalb haben wir den Schuhbereich auch wieder verkauft. Dagegen waren wir mit unseren Voswinkel-Sportgeschäften zwar umsatzmäßig erfolgreich, doch es rechnete sich trotzdem nicht so richtig. Mit etwa 30 Filialen waren wir zu klein, um die erforderlichen Einkaufsmengen bei Verhandlungen mit ausländischen Lieferanten oder der Industrie in die Waagschale werfen zu können. Mit unserem weit verstreuten Filialnetz konnten wir uns auch die notwendigen Werbemaßnahmen nicht leisten. Deshalb haben wir das Unternehmen an die Intersport-Genossenschaft verkauft, die es dann erfolgreich weiterentwickelt hat.

Auch hier sieht man wieder, wie nah Erfolg und Misserfolg beieinanderliegen und wie viel Know-how und eben auch Glück dazugehören, um per saldo auf der Gewinnerseite zu landen. Für uns waren diese Verluste verkraftbar, weil wir nie alles auf eine Karte setzen, sondern die Investments breit gestreut haben. Gleiches gilt auch für meine persönlichen Investments.

Wichtig ist, dass alle Fehlentscheidungen gründlich analysiert werden und alle Fehler offen diskutiert werden, vor allem auch die eigenen. Diese Offenheit hat unsere Kultur der Fehlertoleranz entscheidend mitgeprägt.

Kommen wir zurück zu Ihren erfolgreichen Aktivitäten. Sie haben zweifellos sehr viele zufriedene Douglas-Kunden und sehr viele zufriedene Thalia-Kunden. Ist die Vorstellung so abwegig, dass jemand, der mit Douglas zufrieden ist, auch zu Thalia geht, weil er denen die gleiche Qualität zutraut – und umgekehrt? Doch die allermeisten Kunden wissen ja gar nicht, wer alles zur Douglas-Familie gehört.

Wir wollen ganz bewusst nicht den Eindruck des „alles unter einem Dach" erzeugen. Das ist nicht unser Ding. Das unterschiedliche Profil unserer Unternehmen wollen wir nicht verwischen. Im Gegenteil: Die klare Differenzierung – allerdings auf einem vorher klar definierten

Qualitätsniveau – ist erwünscht. Die Geschäfte der einzelnen Sparten sind in vielen Details sehr unterschiedlich. Diese Unterschiedlichkeit dient einerseits der Kundenzufriedenheit und macht andererseits das Stadtbild und das Einkaufserlebnis abwechslungsreicher.

Wie grenzen Sie sich gegenüber Warenhäusern ab? Die versuchen, mit dem Konzept „Shop-in-Shop" auf die Ebene der Fachgeschäfte zu gehen.

Warenhäuser sind aus verschiedenen Gründen nicht in der Lage, das so gut zu machen wie der Fachhandel. Bei denen klappt es zum Beispiel nicht mit dem Service und der Individualisierung. Als Tietz und Karstadt im 19. Jahrhundert die ersten Warenhäuser eröffneten, rannten die Leute hin und fanden alles unter einem Dach.

Das machen heute die Einkaufszentren sehr viel besser und kompetenter. Unter deren einem großen Dach gibt es freilich viele einzelne Dächer für ganz unterschiedliche hochkompetente Konzepte. Deshalb zieht es die Kunden verstärkt in die Einkaufszentren. Nur einzelne traditionsreiche Warenhäuser wie das KaDeWe in Berlin oder das Alsterhaus in Hamburg können da vielleicht mithalten. Die haben sich in Jahrzehnten den Ruf erworben, etwas Besonderes zu sein. Doch so etwas geht nicht überall, erfordert viel Geduld und Kreativität und lässt sich auch nur sehr schwer multiplizieren.

Sprechen wir über Mode und Textilien. Sie haben den Herrenausstatter Pohland erworben und wieder abgestoßen. Aber an Appelrath-Cüpper als Anbieter von Damenmode halten Sie fest.

Die Textilbranche ist verdammt schwierig. Der Erfolg steht und fällt damit, ob die Einkäufer das richtige Händchen haben, ob sie ein Gespür für die Mode haben, die gerade aktuell ist, und ob das Unternehmen groß genug ist, um allein oder mit Partnern die erforderlichen Einkaufsmengen für Eigenmarken zu stemmen. Wir sind Ende der Siebzigerjahre bei Appelrath-Cüpper eingestiegen, weil das Unternehmen jahrelang sensationell erfolgreich war.

Heinz Kruse, der das Unternehmen aufgebaut hat, hatte dieses Gespür für die richtige Mode. Solange er das Unternehmen führte, war es hochgradig profitabel. Als er die 60 überschritten hatte, blieb jedoch unklar, wann er einmal zurücktreten würde. Deshalb war es schwer, einen hochqualifizierten Nachfolger zu finden. Die Topleute der Branche haben gesagt, Herr Kruse ist ein solcher Könner, da haben wir keine Chance, uns zu profilieren. Also mussten wir mit der Nachfolgeregelung bis zum allerletzten – leider etwas zu späten – Moment warten. Jetzt ist der Vorstand überzeugt, das richtige Team und das richtige Konzept zu haben: Wir werden es in zwei bis drei Jahren wissen.

Ähnliches galt auch für Pohland. Da habe ich einen großen Fehler gemacht. Eigentlich war klar abgesprochen, dass der frühere Eigentümer Hans Pohland sich zurückzieht, wenn er 70 wird. Doch er änderte seine Meinung und blieb und blieb. Leider hatte ich versäumt, diese Absprache in den Kaufvertrag aufzunehmen, weil ich mir gar nicht vorstellen konnte, dass jemand noch mit über 70 eine Modefirma führen will – egal, wie erfolgreich er früher einmal war. Pohland war durchaus ein gutes Unternehmen, aber es ist uns nicht gelungen, die Führungsprobleme in den Griff zu bekommen.

In Berlin hatten Sie mit Appelrath-Cüpper einen großen Anlauf genommen: ein neues Haus in bester Lage am Kudamm. Aber es ging schief, das Haus musste wieder geschlossen werden.

Berlin war eine Anmietung, von der wir alle total überzeugt waren. Das konnte eigentlich gar nicht schiefgehen. Doch leider ist es trotz Spitzenlage, optimaler Geschäftsgröße und motiviertem Mitarbeiterteam voll danebengegangen. In dieser großen Stadt, wo der rheinische Name „AppelrathCüpper" völlig unbekannt war, konnten wir uns ganz in der Nähe von P&C und KaDeWe nie richtig positionieren. Die Werbung war für ein einziges Haus viel zu teuer. Das Ganze war ein Riesenreinfall, den ich für undenkbar gehalten hätte. Da lief alles schief, was überhaupt nur schieflaufen konnte.

Bei AppelrathCüpper schreiben Sie rote Zahlen. Wo liegt für Sie die Schmerzgrenze?

Erst einmal hängt man immer mit Herzblut an den Unternehmen. Der Entschluss zur Aufgabe fällt also nie leicht. Aber natürlich prüfen wir ständig, ob ein Engagement langfristig sinnvoll ist oder nicht. Wenn wir über mehrere Jahre rote Zahlen schreiben, dann sondieren wir den Markt und suchen einen Käufer. Aber es muss eine Lösung sein, die passt.

Die finanzielle Seite ist nicht einmal das Wichtigste, sondern die Frage: Passt es in Bezug auf die Mitarbeiter? Die Leute sollen nicht den Eindruck haben, sie würden einfach so mitverkauft. Die, die gehen, aber auch die, die bleiben, sollen möglichst sagen: Das hat Douglas gut hingekriegt. Der Verkauf eines Unternehmens ist nie die Frage eines schnellen Euro.

Für den Fall, dass Hussel über längere Zeit rote Zahlen schriebe: Würden Sie dann auch verkaufen? Oder gibt es da aufgrund der Firmengeschichte eine emotionale Bindung?

Der Druck, uns von Hussel zu trennen, war Ende der Neunzigerjahre sehr groß. Hussel war nicht richtig schlecht, aber eben auch nicht richtig gut, weil das eingesetzte Kapital nicht ausreichend verzinst wurde. Da kam verständlicherweise auf unseren Hauptversammlungen die Forderung auf, wir sollten uns doch vom Süßwarenbereich ganz trennen. Meine Frau warnte: „Das kannst du nicht machen, das sind unsere Wurzeln. Wenn du das verkaufst, verlierst du ein Stück Glaubwürdigkeit.“ Und das sagte sie, obwohl sie gar keine Süßigkeiten isst.

Doch wenn unser umtriebiger Geschäftsführer Sven Eklöh die Firma Hussel nicht wieder auf die Reihe gekriegt hätte, dann hätten wir vermutlich verkauft. Inzwischen ist auch die emotionale Beziehung zum Ursprung des Konzerns nicht mehr so stark wie vor zehn Jahren, als sich alle noch daran erinnern konnten, dass wir bis 1989 als Hussel Holding firmierten.

Warum haben Sie eigentlich die Holding 1989 von Hussel in Douglas umbenannt?

Zwischen Herbert Eklöh und Rudolf Hussel herrschte eine Art Hassliebe. Hussel hatte – so wie viele Unternehmer zur Zeit der Kuba-Krise – große Angst vor den Russen. Deshalb hat er Ende 1962 Hals über Kopf das Unternehmen an seinen Freund Eklöh verkauft. Diesen Verkauf hat er – als die Krise vorbei war – bereut. Er hat sich wohl darüber geärgert, dass Eklöh das Unternehmen anderthalb Jahre später an die Börse brachte und einen Teil seiner Aktien mit Gewinn weiterverkauft hat. Jedenfalls hat er Eklöh dann aggressiv und persönlich angegriffen, auch über die Medien. Eklöh hat darunter gelitten; das hat ihn belastet und zermürbt, obwohl er sich überhaupt nichts vorzuwerfen hatte.

Als ich dann in die Fußstapfen von Herbert Eklöh getreten bin, gab der alte Hussel weiterhin keine Ruhe, beschimpfte mich und schrieb mir aggressive Briefe, die ich dann auch gar nicht mehr gelesen habe. Mein Kollege Thomanek übernahm die Beantwortung. Die Briefe wurden im Laufe der Zeit immer skurriler.

1987 – also fast 25 Jahre nach seinem Verkauf an Eklöh – verklagte Hussel mich plötzlich, weil ich es versäumt hätte, in einer Bilanz-Pressekonferenz auf die Bedeutung von Firmengründer Rudolf Hussel hinzuweisen. Das war total irre. Auch der Richter verstand nicht, was das Ganze sollte. Die Klage wurde abgewiesen.

Doch ich war das Theater mit Hussel restlos leid. Deshalb haben wir ruckzuck entschieden, Hussel aus dem Holding-Namen zu streichen und durch Douglas zu ersetzen. Das bot sich geradezu an, zumal wir mit Douglas damals bereits ein Vielfaches der Hussel-Umsätze und -Erträge erwirtschafteten. Danach hatten wir dann auch Ruhe.

Sie haben gesagt, die Konzernstruktur erlaube es, neue Geschäftsfelder hinzuzufügen. Was käme da für Douglas infrage?

Das ist eine Frage, mit der sich der Vorstand ständig befasst. Als sich beispielsweise abzeichnete, dass der Markt für Apotheken liberalisiert werden könnte, haben wir über Douglas-Innenstadtapotheken nachgedacht – für den gehobenen Bedarf mit 500 bis 1000 Quadratmetern Verkaufsfläche. Die hätten nur wenig mit den heute üblichen Apotheken zu tun, sondern wären Lifestyle-Geschäfte für Gesundheit, Fitness, Schönheit und Körperpflege. Das wäre vielleicht eine gute Ausgangsbasis für ein neues Einzelhandelskonzept gewesen.

Ich hatte vor vielen Jahren auch eine Nische in der Optikerbranche vor Augen. Aber da ist der Zug mit Fielmann inzwischen lange abgefahren. Doch es wird immer wieder neue Konzepte mit originellen neuen Sortimentskombinationen geben. So wie uns das die höchst erfolgreiche Firma Zara mit ihren Experimentierläden kompetent und überzeugend vorexerziert. Im Handel gibt es keinen Stillstand: Das bessere, aktuellere Konzept überrollt das althergebrachte.

Gerade wenn man erfolgreich ist, muss man besonders aufpassen, dass einem nicht von kreativen Außenseitern das Wasser abgegraben wird. Wer hätte vor einigen Jahren gedacht, dass die alles dominierenden Warenhauskonzerne in so kurzer Zeit von neuen Fachhandels- und Immobilienkonzepten total an die Wand gedrückt werden? Und genauso kann es uns gehen, wenn wir nicht aufpassen und nicht immer am Ball bleiben, neue Trends schon früh erkennen und uns rechtzeitig darauf einstellen. Handel ist und bleibt eben Wandel.

Ihr Konzern wächst, zurzeit vor allem im Ausland.

Wer ins Ausland geht, muss den Mut haben, nicht nur halbherzig, sondern richtig loszulegen. Sonst wird man als Wettbewerber nicht ernst genommen. Das gelingt nicht mit ein oder zwei Läden. Das Beste ist entweder der Kauf einer Firma, die schon im Markt gut positioniert ist, oder eine „Roll-out"-Strategie für die schnelle Eröffnung mehrerer Filialen an den strategisch wichtigen Standorten. Man muss wahrgenommen werden und möglichst schnell eine marktführende Position erringen.

Sie sind ein Amerika-Fan, Ihr Sohn auch. Aber ausgerechnet dort sind Sie nur mit einigen wenigen Douglas-Parfümerien präsent.

Unser Engagement in den USA war halbherzig, weil die Expansion sehr teuer und branchenbedingt sehr schwierig ist. Die großen Hersteller von Parfümeriemarken waren schon immer ganz eng mit den Fashion-Departmentstores verzahnt. Eine Fachgeschäftskette hätte deren Kreise gestört; die wollten uns also gar nicht. Diesen teuren Kampf haben wir uns deshalb erspart. Die finanzstarke LVMH-Tochter Sephora hat es riskiert und nach gewaltigen Anlaufverlusten wohl auch geschafft. Doch das war ein gewaltiger Kraftakt.

Wir haben bis jetzt einige Läden an der Ostküste aufrechterhalten, um frühzeitig über neue Trends und neue Produkte informiert zu sein. Doch rückblickend war das eine viel zu teure Informationsquelle. Deswegen hat der Vorstand auch die richtigen Konsequenzen gezogen und entschieden, das USA-Engagement zu beenden.

Man kann sich ausrechnen, dass der deutsche Markt eines Tages mit Parfümerien gesättigt ist.

Das ist richtig. Obwohl es sich gerade in den derzeit schwierigen Zeiten zeigt, wie gut es ist, in Deutschland ein so erstklassiges marktführendes Unternehmen zu haben. Gerade jetzt haben wir in Deutschland die besten betriebswirtschaftlichen Zahlen. Doch Sie haben recht; es geht weniger um quantitatives als um qualitatives Wachstum.

Sie müssen also im Ausland wachsen und setzen wohl nicht zuletzt auf Osteuropa.

Wir wollen überall im europäischen Ausland wachsen, und zwar in den Ländern, in denen wir durch Akquisition oder Neueröffnungen schnell eine kritische Masse erreichen können. Wir wollen nicht ständig in neue Märkte investieren, sondern zunächst die bereits vorhandenen Marktpositionen ausbauen.

Immer mehr Verbraucher achten auf die Umweltverträglichkeit von Produkten. Sollten oder müssen sich die Douglas-Parfümerien neu positionieren?

Die Marktentwicklung für Naturkosmetik verfolgen wir sehr genau. Wir werden da auch größer einsteigen. Dafür brauchen wir Läden, die groß genug sind, um innerhalb der klassischen Douglas-Parfümerie einen kompetenten Spezialshop für diese Sortimente zu integrieren. Zurzeit sind wir im Experimentierstadium.

Sind Sie als Lifestyle-Konzern nicht besonders konjunkturabhängig?

Wir wissen, dass die Leute sich auch in wirtschaftlich schwierigen Zeiten gerne einmal etwas Besonderes leisten, „einen Hauch von Luxus“, wie mein Sohn zutreffend sagt. Denken Sie an unsere Läden in Ungarn: Die Preise sind dort hoch und die Einkommen niedrig, trotzdem laufen unsere Läden. Parfüms und Kosmetik sind für die Ungarn der Einstieg in die Welt der kleinen Träume und des kleinen Luxus. Ein teures Auto können sich die meisten noch nicht leisten, wohl aber ein edles Parfüm oder ein aktuelles Make-up. So war es jedenfalls bisher immer – übrigens auch bei uns in der Nachkriegszeit.

Wir können mit unserem Geschäftsmodell sehr schnell auf veränderte Umstände reagieren. In wirtschaftlich schwierigen Zeiten werden in den Douglas-Parfümerien stillschweigend preiswertere Angebote stärker in den Vordergrund gerückt. Aber nicht so reißerisch wie etwa in Discount-Geschäften. In besseren Zeiten rücken wir dann wieder die exklusiveren und teureren Novitäten in den Vordergrund. Wir passen uns den Kundenerwartungen an und reagieren – je nach Standort – schnell und flexibel.

Wie wird denn die DOUGLAS HOLDING AG am 5. Mai 2040 aussehen, an Ihrem 100. Geburtstag?

Ich hoffe, Douglas bleibt ein kerngesundes Unternehmen. Der internationale Teil müsste bis dahin kräftig gewachsen sein. Zurzeit trägt das Ausland etwa ein Drittel zum Konzernumsatz bei; unsere Auslandsparfümerien erwirtschaften bereits heute mehr als die Hälfte des gesamten Parfümerie-Umsatzes. Bis 2040 werden bestimmt noch neue, wachstumsstarke Sparten hinzukommen. Andere Sparten, die nicht mehr dem Zeitgeist oder den Kundenwünschen entsprechen, werden aus dem Konzernverbund ausgeschieden sein – so wie in der Vergangenheit auch. Doch ganz bestimmt wird für unsere Geschäfte immer das dem Zeitgeist entsprechende Schöne, Besondere und Aktuelle im Vordergrund stehen.

6.
Ein Konzern mit familiengeprägter Struktur

»Man braucht Aktionäre,
die so denken, wie man selber denkt«

Herbert Eklöh hat das Unternehmen gekauft, sein Sohn Jörn Kreke hat daraus einen Konzern gemacht, Enkel Henning Kreke setzt den eingeschlagenen Weg fort. Die beiden Krekes sind Vorstandsvorsitzender und Vorsitzender des Aufsichtsrats. Ihre Familien halten zusammen 12,5 Prozent des Kapitals. Mitglieder des weit verzweigten Familienstamms Eklöh halten etwa 15 Prozent, und weitere 25 Prozent gehören dem Familienkonzern Oetker. Kein Zweifel: Die DOUGLAS HOLDING AG ist ein von Familien geprägtes Unternehmen.

Betriebswissenschaftler sagen Familienunternehmen viel Gutes nach: Sie seien erfolgreicher als reine Kapitalgesellschaften, finanziell häufig besser aufgestellt, längerfristig orientiert, hätten das bessere Betriebsklima. Als das Wirtschaftsmagazin „impulse“ im Jahr 2005 eine Rangliste der „100 wertvollsten Familienunternehmen“ aufstellte, zeigte sich, welch klangvolle Namen zu dieser Kategorie gehören: BMW, SAP, Bertelsmann und Oetker. Auf Platz 57 der Liste: Douglas.

Alle, die sich mit Familienunternehmen beschäftigen, sind sich jedoch auch einig, dass Familienunternehmen besonders gefährdet sind – nämlich dann, wenn Streit innerhalb der Familien oder zwischen Familienstämmen auf das Unternehmen überschwappt.

Sie sprechen gerne von einer „familiengeprägten" Struktur des Unternehmens. Wie definieren Sie das?

Unser Denken ist langfristig ausgerichtet. Wir verbiegen uns nicht für das nächste 3-Monats-Ergebnis, sondern gehen in die Richtung, die uns langfristig als die richtige erscheint. Mit unseren Partnern auf der Aktionärsseite führen wir darüber intensive Gespräche. Man braucht Kontinuität und muss für Kunden und Mitarbeiter berechenbar bleiben.

Das heißt nicht, dass angestellte Manager das nicht genauso können wie wir als Familie. Es gehört aber eine auf langfristige Wertsteigerung ausgerichtete Geisteshaltung dazu. Wir schauen uns alle Optionen sorgfältig an, sind vorsichtig und machen nichts auf Biegen und Brechen, sondern gehen mit Augenmaß vor. Wer Angst hat, dass er in zwei oder drei Jahren seinen Vorstandsposten wieder los sein könnte, denkt und handelt vermutlich anders als wir.

Ist es für das Selbstverständnis des familiengeprägten Unternehmens Douglas wichtig, dass ein Kreke an der Spitze steht?

Nein, überhaupt nicht. Der Vorstandsvorsitzende muss ein Team führen und motivieren können, er muss langfristig orientiert sein und die Firmenphilosophie glaubhaft gegenüber Mitarbeitern und Kunden vertreten können. Und, last but not least, muss er richtig was von Handel, Organisation und Finanzen verstehen. Er muss Ziele setzen und deren Realisierung flankierend begleiten. In Anbetracht dieses Anforderungsprofils geht es für den Aufsichtsrat nur darum, den Richtigen zu finden – egal, ob er zur Familie gehört oder nicht.

Sie haben Ihren Sohn ja früh für das Unternehmen zu interessieren versucht, ihm eine entsprechende Ausbildung ermöglicht. Wären Sie eigentlich enttäuscht gewesen, wenn er gesagt hätte, ich mache lieber etwas anderes?

Nein. Aber ich hätte dann anders disponiert, wäre vielleicht einige Jahre länger Vorstandsvorsitzender geblieben. Es gab nie irgendeinen

Druck auf Henning. Aber manchmal hatte ich doch etwas Sorge, er könnte für immer in Amerika bleiben.

So eine Situation entwickelte sich, als amerikanische Geschäftsfreunde, die Gebrüder Zale aus Dallas, Henning anboten, nach seinem Wehrdienst bei den Fallschirmjägern in ihren Schmuckfilialbetrieben in Texas zu arbeiten. Ursprünglich wollte er in dem deutschen Top-Unternehmen Peek & Cloppenburg die Handelsausbildung machen, doch Texas reizte ihn.

Zale besorgte Henning die erforderliche Arbeitsgenehmigung, und er arbeitete ein Jahr lang „von der Pike auf" in Schmuckfilialen in Dallas. Danach ging er auf die „University of Texas" in Austin, lernte dort seine spätere Frau Jane kennen und bekam kurz vor Abschluss seines Bachelor ein Angebot von McKinsey mit guter Bezahlung.

Das gefiel ihm, er wollte das machen. Da wurde es kritisch. Doch es gelang mir, ihn in einem langen nächtlichen Telefonat davon zu überzeugen, dass es richtiger sei, zunächst den Master zu machen. Das ginge nämlich schneller als nach einer längeren Unterbrechung; denn jetzt würde er noch ganz in der akademischen Denkweise stecken. Ich hatte Sorge, dass er ganz in Amerika bleiben würde, wenn er erst einmal bei McKinsey angefangen hätte.

Nach seinem Abschluss arbeitete er für zwei Jahre im Investmentbanking bei Salomon Brothers in New York, London und, last but not least, für und mit Frank Belitz – seinem späteren Freund und heutigen Berater – in Frankfurt, um danach in Kiel mit einer Dissertation über internationales Risikomanagement bei Professor Reinhart Schmidt zu promovieren. So ähnlich hatte ich es mir auch erhofft, als ich mich bemühte, ihn in diese Richtung zu lenken – sehr behutsam und ohne Druck, denn den hätte er bestimmt nicht akzeptiert.

Seine hübsche Texanerin Jane hat er 1992 in Dallas geheiratet. Zwei Jahre später fing er dann bei uns an – als Assistent von Heinz Kruse in unserem Modeunternehmen AppelrathCüpper in Köln.

Als Sie 1969 Vorstandsvorsitzender wurden, gehörte auch Herbert Eklöh junior dem Vorstand an und außerdem Hartmut Eklöh. Das war wohl die höchste Familiendichte, die es jemals gab.

Herbert Eklöh war ein adoptierter Sohn und Hartmut Eklöh ein Großneffe, also ein entfernter Verwandter vom Senior. Hartmut war schon bei Hussel im Vertrieb tätig, lange bevor der Senior das Unternehmen gekauft hat. Er hatte dort seine Lehre gemacht und war ein begabter, begeisterter Einzelhändler mit großem Motivations- und Verkaufstalent. Er arbeitete sich hoch vom Lehrling über Filial-, Bezirks- und Verkaufsleiter bis zum Geschäftsführer und schaffte es später auch in den Vorstand. Ein super Händler und ein Pfundskerl!

Er hatte sich übrigens schon als junger Mann das Ziel gesetzt, nach 40 Berufsjahren in Pension zu gehen. Genau so hat er es auch gemacht – im Alter von erst 56 Jahren. Er hat nämlich bereits als 16-Jähriger als Lehrling bei Hussel angefangen. Nach seiner aktiven Tätigkeit war er noch mehrere Jahre in unserem Aufsichtsrat und ist dann leider viel zu früh, im Alter von 68 Jahren verstorben. Sein Sohn Sven, dem man die Liebe zu Süßwaren schon von Weitem ansehen kann, ist heute Geschäftsführer von Hussel.

Herbert Eklöh junior hat das Unternehmen Ende 1976 auf eigenen Wunsch verlassen. Er war ein wirklich netter Kerl, doch kein Unternehmer, und mit dem vorgelegten Tempo konnte und wollte er nicht Schritt halten.

Der Bielefelder Familienkonzern Oetker hat seine Beteiligung an Douglas Ende Januar 2009 auf mehr als 25 Prozent erhöht und damit die Schwelle zur Sperrminorität überschritten. Der Kauf weiterer Douglas-Anteile sei nicht geplant, hieß es. Die weit verzweigte Familie Eklöh sowie Jörn und Henning Kreke haben zusammen ebenfalls über 25 Prozent.

Bei den vielen Eklöhs und Krekes unter den Aktionären: Gerät da die Hauptversammlung nicht fast zum Familientreffen?

Nein. Die Versammlung findet in der mit deutlich über tausend Aktionären meist voll besetzten Stadthalle von Hagen statt. Es ist natürlich auch einiges an Familie da. Das gibt der Hauptversammlung einen gewissen persönlichen Touch, mehr aber auch nicht.

Herbert Eklöh hat das Unternehmen gekauft, Sie haben es groß gemacht, und Ihr Sohn führt es heute. Doch die Familie ist in der AG in der Minderheit. Stört Sie das?

Überhaupt nicht. Wenn Großaktionäre das Sagen hätten, die uns ins Schuldenmachen treiben würden oder kein Verständnis für unsere Firmenkultur und unsere Fachgeschäfts-Besonderheiten hätten, dann würde ich mich verabschieden und sagen: Macht es alleine. Denn ich wüsste, dass die Firma damit in die falsche Richtung geführt würde. Wenn man aber Großaktionäre hat, die so ähnlich denken wie man selbst, ist die Minderheit überhaupt kein Problem. So ist das übrigens auch bei meinen anderen Unternehmensbeteiligungen.

Mit Oetker diskutieren wir im Vorfeld und versuchen, einen gemeinsamen Nenner zu finden. Danach wird alles in Ruhe noch einmal in den zuständigen Gremien erörtert. Alles muss für die Gesellschafter und Mitarbeiter verständlich und nachvollziehbar sein. Dieses Prozedere dauert zwar etwas länger. Dafür gibt's dann aber auch bei der Umsetzung keine Widerstände.

Sie und Ihr Sohn haben zusammen etwa 12,5 Prozent am Kapital und die Eklöhs vermutlich etwa 15. Warum haben die Aktionäre der Familien Eklöh und Kreke ihre Aktien nicht gepoolt, obwohl das doch naheläge?

Die Alt-Aktionäre der Eklöh-Seite und auch mein Bruder wollten das nicht. Sie wollten frei und unabhängig sein. Dagegen sind die Aktien und sonstige Beteiligungen meiner Familie langfristig in uns gehörenden Familiengesellschaften gebündelt. Sie sollen langfristig in unserem Besitz bleiben. Da spielt wohl auch meine Wunschvorstellung mit, dass die Familie durch diese Gesellschaften über mehrere Generationen miteinander verbunden bleibt.

Douglas ist, was die Ausschüttung an die Aktionäre angeht, recht großzügig. Hängt das damit zusammen, dass ein Teil der Familie auf die Dividendenzahlungen finanziell angewiesen ist?

Wir haben unseren Aktionären immer gesagt, dass wir Dividendenkontinuität anstreben und ungefähr die Hälfte des Gewinns ausschütten wollen, mal etwas mehr, mal etwas weniger, je nach Wirtschaftslage. Die Aktionäre sollen selbstverständlich am Erfolg des Unternehmens teilhaben. Doch Familie und Aktionäre wissen, dass das Unternehmen in jedem Fall vorgeht. Das heißt, dass gegebenenfalls auch mal weniger als 50 Prozent ausgeschüttet werden, wenn das im Interesse des Unternehmens erforderlich sein sollte.

Wie schützen Sie sich eigentlich vor einer Übernahme?

Das kann jeder jeden Tag versuchen. Allerdings ist es so, dass gegen Oetker und uns keine Mehrheit zustande kommt. Darüber hinaus haben wir schon vor vielen Jahren unsere Statuten dahingehend geändert, dass die Aufsichtsrats-Wahlperioden der Anteilseigner zu unterschiedlichen Zeiten ablaufen. Um das zu ändern, wäre eine Hauptversammlungsmehrheit von mehr als 75 Prozent erforderlich. Ohne unsere Zustimmung säße ein Investor also über viele Jahre einer Aufsichtsratsmehrheit von Arbeitnehmervertretern und Aufsichtsratsmitgliedern der Familien Oetker und Kreke gegenüber, mit denen er sich arrangieren müsste. Schnellschüsse sind damit ausgeschlossen.

Wie kam es denn, dass das Familienunternehmen Oetker bei dem Familienunternehmen Douglas beteiligt ist?

Eines Tages, als wir Ende der Sechzigerjahre mit Hussel in andere Branchen vordringen wollten, haben wir uns überlegt, dass wir das am besten mit einem erfahrenen Partner machen sollten. Herbert Eklöh senior und ich haben uns deshalb 1967 mit Rudolf August Oetker und dessen jungem Generalbevollmächtigten Dr. Guido Sandler zu einem Gedankenaustausch in Bielefeld getroffen.

Die ursprüngliche Oetker-Beteiligung von zirka 12,5 Prozent an Hussel wurde schon während dieses ersten Gesprächs per Handschlag vereinbart. Es stellte sich nämlich sehr schnell heraus, dass wir mit unserer Firmen-, Wachstums- und Führungsphilosophie gut zueinanderpassen würden. Herr Oetker ließ seine Interessen vom ersten Tag an durch Dr. Sandler in unserem Aufsichtsrat vertreten. Das war für unsere Gesellschaft und für mich ein Glücksfall. Dr. Sandler war später etwa 20 Jahre lang mein Aufsichtsratsvorsitzender, bis er 2001 altersbedingt aus unserem Aufsichtsrat ausschied und mir den Vorsitz übertrug.

Profitierten Sie auch von den Erfahrungen der Oetkers?

Das kann man wohl sagen. Dr. Sandler war ein hervorragender Coach und ganz wichtiger Ratgeber. Er half, wo er nur konnte, schob an, gab Impulse und Denkanstöße. Unvergesslich bleibt, wie er mir nach meinem katastrophalen Micron-Desaster Mut machte. Er erzählte mir, welches Missgeschick Oetker passiert sei. Sie hatten für viel Geld ein großes Schiff bauen lassen, um damit Schafe von Neuseeland in die arabischen Länder zu transportieren. Als die erste Schiffsladung dann in Arabien ankam, stellte sich heraus, dass das Schiff in keinen dortigen Hafen passte. Seine Botschaft: Alle machen mal Fehler. Wichtig ist, dass man die Krise übersteht und daraus lernt.

Mir wurde sehr schnell klar, wie unendlich wichtig und hilfreich es ist, einen erfahrenen, über den Dingen stehenden Ratgeber an seiner Seite zu haben. Der kann einen schon mal aus einer Sackgasse herausführen, kann Schnellschüsse verhindern und aufpassen, dass ein bereits gemachter Fehler nicht durch weitere Fehlentscheidungen noch verschlimmert wird.

Und der legendäre Rudolf August Oetker war eine Respekt einflößende Persönlichkeit. Er fand es gut, dass wir expandieren wollten, doch er machte auch sehr deutlich, dass sich alles vernünftig rechnen muss und Expansion möglichst aus selbst verdientem Geld bezahlt werden soll. Jedenfalls auf keinen Fall durch Ausgabe von „viel zu teuren" neuen Aktien. Wenn es ums Geld ging, musste mit Oetker senior intensiv gerungen werden.

Sein Sohn August Oetker und seine Top-Leute, insbesondere der hochkompetente Finanz- und Steuerexperte Ernst Schröder, stehen uns seit Dr. Sandlers Ausscheiden als wichtige und kritische Gesprächspartner im Aufsichtsrat zur Seite. Aufgrund ihrer Erfahrungen erkennen sie manche Chancen und Risiken klarer und früher als wir. Wir sehen und beurteilen aufgrund unserer Nähe zum Tagesgeschäft die Dinge manchmal anders. Diese Meinungsunterschiede werden dann in offenen Gesprächen diskutiert und gelöst.

So will zum Beispiel die Oetker-Gruppe, die ja bereits ein hochgradig diversifizierter Konzern ist, nicht unbedingt innerhalb ihrer Beteiligungsgesellschaften weitere Diversifizierungsrisiken eingehen. Das ist nachvollziehbar und verständlich. Andererseits ist Handel Wandel, und wir müssen immer wieder überprüfen, ob unsere Geschäftsmodelle aktuell geblieben sind und noch dem Zeitgeist entsprechen, oder ob es neue, vielversprechendere Einzelhandelskonzepte gibt, an denen wir uns beteiligen sollten. Doch diese unterschiedlichen Blickwinkel stimulieren und spornen an.

Warum hat Oetker im Januar 2009 seine Beteiligung auf mehr als 25 Prozent aufgestockt und sich somit eine Sperrminorität gesichert?

Wie uns die Herren Oetker und Schröder gesagt haben, liegen dieser Entscheidung gut nachvollziehbare steuerliche Überlegungen zugrunde.

Mancher Börsianer glaubt, Oetker greife bei Douglas nach der Macht, strebe mehr als 30 Prozent an.

Die Herren Dr. August Oetker und Dr. Ernst Schröder, beide persönlich haftende Gesellschafter von Oetker und zugleich Mitglieder unseres Aufsichtsrates, haben öffentlich klargestellt, dass eine Beteiligung von mehr als 30 Prozent nicht beabsichtigt sei, weil dann ein Pflichtangebot an alle Aktionäre gemacht werden muss. Doch ganz unabhängig davon würde uns eine höhere Beteiligung von Oetker überhaupt nicht stören.

Sie wollten doch aufgrund der Erfahrung als junger Vorstand nie mehr von Banken abhängig sein.

Richtig.

Jetzt könnte Douglas vielleicht von Oetker abhängig werden. Wo ist da der Unterschied?

Oetker denkt und handelt unternehmerisch wie wir und ist deshalb sehr viel berechenbarer als Banken. Zudem sind wir seit über 40 Jahren sehr eng miteinander verzahnt. Oetker kennt also uns und unsere Stärken und Schwächen wenigstens genauso gut wie wir selbst. Deren konstruktiver Input, sei es in Strategiefragen oder bei Einzelthemen wie beispielsweise Finanzierungen und Steuern, ist für uns außerordentlich hilfreich. Insofern beurteilen wir die Oetker-Beteiligung rundum positiv.

7.
Die Douglas-Kultur

»Unsere Mitarbeiter sollen sich auf die Kunden freuen«

Angeblich war früher alles besser. Da sollen Verkäuferinnen noch freundlich und kompetent gewesen sein und junge Leute viel motivierter. Heute dagegen klagen viele, die als Kunden auf die Dienste anderer angewiesen sind, über die „Dienstleistungswüste Deutschland".

Gerade bei Fachgeschäften muss der Service stimmen, wenn sie sich von Discountern abheben wollen. Douglas schafft das offenbar besser als andere, klagt auch nicht über eine um sich greifende „Null-Bock-Mentalität". Die heute 25 000 Mitarbeiter seien im Großen und Ganzen noch genauso motiviert wie die etwa 400 Anfang der Sechzigerjahre, behauptet jedenfalls Jörn Kreke. Offenbar gibt es so etwas wie eine Douglas-Kultur.

Man kann ein Unternehmen wie Douglas sicher nicht vom Schreibtisch aus führen. Ihnen wird nun nachgesagt, Sie seien Weltrekordhalter gewesen in der Disziplin „möglichst wenig im Büro und möglichst viel draußen in den Läden".

Da ist was dran. Wenn ich wissen wollte, ob es irgendwo in der Zusammenarbeit mit der Zentrale hakt, ging ich in fünf oder sechs Läden; dann wusste ich Bescheid. Es ist schon erstaunlich, wie häufig die einfachsten Dinge übersehen oder vernachlässigt werden – in der Zentrale und in den Filialen. Und die Leute sind dankbar, wenn sie dann und wann einen Hinweis oder auch schon mal einen kleinen Schubs bekommen. Sie fühlen sich ernst genommen und wollen besser werden.

Würden Sie sagen, Sie sind ein Motivationskünstler?

Man sagt, ich könne Leute begeistern. Das hängt damit zusammen, dass ich selbst begeisterungsfähig bin und auch niemanden im Regen stehen lasse. Probleme sind dazu da, um gelöst zu werden. Und zwar nicht morgen oder übermorgen, sondern möglichst schon gestern, spätestens aber sofort! Mich fasziniert die lockere und unkomplizierte Zusammenarbeit mit Menschen. Es ist erstaunlich, wie schnell man durch Offenheit und Freundlichkeit gute Stimmung erzeugen und was bewegen kann.

Und wie motiviert man Mitarbeiter?

Indem man sie ernst nimmt, ehrlich ist und sich bemüht, durch Überzeugung – also ohne Druck – zu Entscheidungen zu kommen. Gespräche zwischen Mitarbeitern und mir spielen sich in etwa so ab: Egal, was passiert ist – wenn eben möglich, wird zunächst etwas Positives angesprochen. Dann komme ich zum Kern der Sache und bemühe mich, einen gemeinsamen Nenner zu finden und daraus ein Lernerlebnis zu machen, damit die Leute nicht frustriert aus dem Büro gehen.

Auch wenn etwas total schiefgelaufen ist, versuche ich am Ende des Gesprächs so eine Art „Schwamm drüber"-Atmosphäre zu schaffen. Keiner soll denken: Mensch, was wird hier für ein Affentheater veranstaltet, sondern soll möglichst motiviert zurück an die Arbeit gehen und ruck, zuck das Problem bereinigen.

Es soll zwar alles locker ablaufen, doch trotzdem müssen die Probleme natürlich offen und gründlich angesprochen werden. Das Ergebnis sollte möglichst sein, dass die Mitarbeiter sagen: Das sehe ich ein, die Kritik war fair, und jetzt kann es wieder losgehen. Das klappt zwar nicht immer, aber meistens.

Diesen eher lockeren Umgang mit Fehlern, wie oder bei wem haben Sie das gelernt?

Da habe ich viel vom alten Eklöh gelernt. Das offene Reden über Fehlschläge und Fehler, vor allem auch über die eigenen, hat ihm und später auch mir immer viel Sympathie und Glaubwürdigkeit eingebracht und unsere Firmenkultur geprägt.

Wir wollen, dass unsere Leute souverän, kompetent und schnell entscheiden. Dabei werden natürlich auch Fehler gemacht. Deshalb versuchen wir ganz bewusst, Fehlertoleranz zu praktizieren. Das geschieht am besten dadurch, dass man immer wieder – mal ernst, mal lustig – über seine eigenen Fehlentscheidungen redet. Das macht den Leuten Mut. Denn wenn nur an Fehlentscheidungen rumgemeckert wird, ist keiner mehr bereit, überhaupt was zu entscheiden. Das wäre für unser dezentralisiertes Unternehmen eine Katastrophe. Lieber ab und zu mal eine falsche Entscheidung als gar keine.

Das bedeutet, dass bei uns selbstbewusste und entscheidungsfreudige Menschen die besten Aufstiegschancen haben. Denn eine solche Entscheidungs- und Fehlerkultur – eingebettet in eine klar definierte Entscheidungshierarchie – ist das Kernelement unserer Firmenkultur. Da reicht es nicht, nur darüber zu reden. Die Leute müssen auch davon überzeugt sein, dass wir meinen, was wir sagen. Und die Leute müssen wissen, dass sie nicht im Stich gelassen werden. Wenn sie mal falsch entscheiden, ist das auch in Ordnung. Dass sie überhaupt entscheiden ist wichtiger, als immer richtig zu entscheiden.

Diese Führungskultur bewusst zu leben und zu praktizieren ist für unsere Führungskräfte – insbesondere in den so wichtigen Positionen zwischen Zentrale und Filialen – ein Riesenkraftakt. Sie müssen bereit sein, die Leute machen zu lassen, anstatt jedes Detail selbst regeln zu wollen. Und auch den Mut haben, Entscheidungen zu treffen, wenn ihnen von der oft langsameren Zentrale noch keine klaren Richtlinien vorliegen.

Es dürfte nicht immer leicht sein, solche entscheidungsfreudigen Macher zu finden.

Das ist in der Tat so. Viele Leute trauen sich das einfach nicht zu, sie scheuen die Verantwortung. Unser Konzept setzt voraus, dass es uns gelingt, eine bestimmte Art von Menschen als Mitarbeiter zu gewinnen. Denn fast alle Leute, denen wir in Bewerbungsgesprächen von dieser Entscheidungsfreiheit erzählen, finden das toll. Doch kaum sind sie bei uns, können sie sich oft nicht zu einer Entscheidung durchringen, weil sie Angst haben, Fehler zu machen. Diese Angst verlieren sie erst, wenn wir sie vorher so gründlich qualifiziert haben, dass sie souverän an ihre Aufgaben herangehen können. Deswegen funktioniert das Douglas-Konzept nur mit bestens qualifizierten, selbstbewussten Mitarbeitern.

Eine junge Nachwuchskraft aus Polen bemerkte kürzlich einmal zu unseren Führungsgrundsätzen, dass diese eigentlich nichts Besonderes seien, das Gleiche hätten auch andere Firmen in schön gedruckten Broschüren stehen. Doch der entscheidende Unterschied bei Douglas sei: Sie würden tatsächlich auch praktiziert. Darüber habe ich mich richtig gefreut!

Und sie hat recht: Genau darin liegt der kleine, aber entscheidende Unterschied. Doch das kommt nicht von allein; das muss ständig diskutiert und revitalisiert werden, und da erlebt man auch immer wieder Rückschläge und Enttäuschungen. Ich komme mir manchmal vor wie ein Wanderprediger. Doch es funktioniert eben nur, wenn die Leute es wirklich verinnerlichen, begreifen und auch praktizieren. Deshalb haben alle unsere Mitarbeiter in Leitungspositionen – von der Filialleiterin bis zum Vorstandsvorsitzenden – eine ganz besondere Verantwortung: Sie müssen konsequent und trotzdem tolerant sein.

Wie stark mischt sich bei Douglas eigentlich die Zentrale in das Tagesgeschäft ein?

Jeder Vertriebsbereich wie Parfümerien, Bücher, Schmuck, Mode oder Süßwaren hat seine eigene „Zentrale". Sie soll den Filialen dieses Bereichs helfen, sie beraten und darauf achten, dass unsere Spielregeln eingehalten werden. Sie soll Informationen liefern, die den Filialen als Entscheidungsgrundlage dienen. Dort sitzen die Fachleute für Einkauf, Sortimentspolitik, Marketing, Ladendesign, Controlling und so weiter.

Die Empfehlungen der jeweiligen Spartenzentrale werden dann von den Vertriebsgeschäftsführern sowie deren Bereichsleitern mit deren Filialteams erörtert. Sie sind die entscheidenden Koordinierungsstellen zwischen Zentrale und Filialen. Die Bereichsleiter sind die unmittelbaren Vorgesetzten der Filialen. Sie spielen die entscheidende Rolle für das erfolgreiche Funktionieren unseres Vertriebssystems: Einerseits sollen sie die Zentralvorgaben flexibel implementieren, andererseits sollen sie die so eminent wichtigen Freiräume der Filialen verteidigen. Das erfordert neben Vertriebs-Know-how auch Durchblick bei betriebswirtschaftlichen Notwendigkeiten sowie Gespür und diplomatisches Geschick im Umgang mit den Filialen. Aus dem Kreis der Bereichsleiter werden meistens die späteren Vertriebsgeschäftsführer und -geschäftsführerinnen rekrutiert.

Die Holding hat doch sicher noch mehr Aufgaben, oder?

Neben den Zentralbereichen der einzelnen Sparten gibt es die zentralen Dienstleistungsbereiche der Holding, die sogenannten „shared services", die für alle Sparten des Konzerns tätig sind, beispielsweise für Standortsuche, Grundsatzfragen, Personal und Recht, Finanzbuchhaltung, IT-Strategie, Controlling und Revision, Planung, Bauwesen, Versicherungen und so weiter. Dort werden also Themen behandelt und Aufgaben gelöst, die in allen Sparten anfallen und einheitlich entschieden werden müssen, denn sonst entsteht Wirrwarr und Chaos.

Deshalb existiert zwischen den Zentralabteilungen der Holding, den Zentralabteilungen der Tochtergesellschaften und den Filialen ein fein austariertes Zusammenspiel. Das erfordert sehr viel Know-how und gegenseitiges Verständnis.

Um das zu fördern, befürworten wir, dass sich unsere Mitarbeiter aus den Zentralbereichen von Zeit zu Zeit in den Filialen aufhalten und dort auch mal mitarbeiten. Dann erkennen und würdigen die Zentral-Mitarbeiter auch, was draußen in den Filialen geleistet wird und was dazugehört, um unsere Kunden – und um die geht es ja – zufriedenzustellen.

Unser neues Vorstandsmitglied, Frau Anke Giesen, die aus der Industrie kommt und für Personal und Recht zuständig ist, hat zu Beginn ihrer Tätigkeit im Herbst 2009 die ersten vier Wochen ausschließlich in Filialen der verschiedenen Tochtergesellschaften verbracht. Das hat ihren Blick und ihr Gespür dafür geschärft, worauf es im Einzelhandel wirklich ankommt. Sie hat erkannt, dass ihre Glaubwürdigkeit im Konzern enorm steigt, wenn sie den Handel vor Ort mal hautnah miterlebt hat.

Wenn jemand aus der Zentrale „an die Front" geht, dürfte er staunen, wie groß der Unterschied zwischen Theorie und Praxis ist.

Ja, genau so ist es. Zum Beispiel wollte ein hoch qualifizierter Informatiker aus der Zentrale, der soeben ein neues Kassensystem entwickelt hatte, das mal selbst im Weihnachtsgeschäft in einer Filiale ausprobieren. Zunächst lief alles glatt, bis ein Kunde kam, der einige schon in die Kasse eingegebene Artikel wieder wegnahm, ins Regal stellte und stattdessen mehrere andere Artikel kaufen und dann auch noch mit Kreditkarte und Gutschein bezahlen wollte.

Jetzt, so erzählte der Informatiker, brach alles zusammen. Die Kasse bockte, vor der Kasse entstand eine Schlange – also Chaos mitten im Hochbetrieb. Da kam eine junge Dame im dritten Lehrjahr, schob ihn diskret beiseite und sagte: „Lassen Sie mich mal ran." Und ruck, zuck hatte sie die Dinge im Griff. Solche Erlebnisse hinterlassen bei den Zentralisten bleibende Eindrücke und steigern die Wertschätzung für unsere Leute „an der Front" ganz enorm.

Natürlich wusste der Informatiker über das Kassensystem mehr als sonst irgendjemand im Laden. Aber vor Ort, wenn alles durcheinanderredet, gedrängelt wird und ein kleines Chaos entsteht, gerät man eben schnell in Panik. Dann versteht man auch, was unsere Damen und Herren in den Geschäften leisten und dass dabei auch mal Fehler passieren können. Und man erkennt, dass in Bezug auf Systemkomplexität nach wie vor der alte Spruch gilt: Let's keep it simple.

Es fördert auch die Zusammenarbeit, wenn unsere tüchtigen und kompetenten Mitarbeiter der Zentrale erleben, welch großen Beitrag zum Unternehmenserfolg sie selbst leisten können, wenn sie die Damen und Herren in den Filialen freundlich, sympathisch und verständnisvoll unterstützen. Insofern können sie durch ihr eigenes Verhalten die Kundenzufriedenheit draußen in den Filialen selbst mit beeinflussen. Kommandoton, Meckerei und Besserwisserei sind da total kontraproduktiv. Genauso wichtig ist natürlich auch, dass die Filialmitarbeiter wissen und verstehen, wie die Zentrale funktioniert und warum manches eben nicht so schnell und unkompliziert bearbeitet und erledigt werden kann, wie sie es gerne hätten.

Sollen sich Ihre Führungskräfte eher als Unternehmer oder eher als Manager verstehen?

Sie müssen unternehmerisch denken und handeln. Das erfordert Risikobewusstsein und Entscheidungsbereitschaft. Gleichzeitig besteht deren Managementaufgabe darin, gemeinsam mit ihrem Team Umsetzungsstrategien zu entwickeln und auch umzusetzen. Das kann nicht jeder. Deshalb haben unternehmerische, führungsstarke Persönlichkeiten einen so hohen Stellenwert.

Gutes Management fängt auf der Filialleiter-Ebene an. Die Filiale soll nicht nur in jeder Hinsicht tipptopp in Schuss sein, sondern es muss darüber hinaus die Bereitschaft bestehen, Vorschläge von Kunden und Mitarbeitern aufzunehmen und etwas daraus zu machen. Auch junge Menschen auszubilden, ist eine Managementaufgabe. Das zahlt sich aus. Es ist eine Freude zu sehen, wie die jungen Leute, wenn sie richtig geführt und angesprochen werden, bereits nach kurzer Zeit eigene Ideen einbringen und zu einer fröhlicheren Stimmung beitragen. Motivierte und gut geführte junge Leute tun dem ganzen Laden gut.

Auf welche Eigenschaften haben Sie bei Ihren Mitarbeitern besonderen Wert gelegt? Wie sieht der ideale Mitarbeiter aus?

Zuverlässig, berechenbar, sympathisch und erfolgsorientiert. Das gilt für alle Ebenen und setzt voraus, dass wir die Mitarbeiter fördern, damit sie Erfolgserlebnisse haben, und das wiederum setzt erstklassige Schulungssysteme voraus. Mit der Art, wie wir das bei Douglas machen, sind die Mitarbeiter offensichtlich zufrieden. Gut ausgebildete Mitarbeiter haben auch schneller Erfolgserlebnisse, weil sie wissen, worauf es ankommt. Je sicherer sie sich fühlen, umso souveräner sind sie im Umgang mit den Kunden und im Auftreten gegenüber ihren Vorgesetzten. Um das hinzukriegen, muss die Firma kräftig in eine kontinuierliche Personalentwicklung investieren. Und das tun wir.

Im Jahr 1998 berichtet „Focus" über „Die Jobmacher – Deutschlands erfolgreichste Dienstleister". In dem Artikel werden die 20 deutschen Manager aufgeführt, die in ihrer bisherigen Karriere die meisten neuen Arbeitsplätze geschaffen haben. Dazu schreibt das Magazin: „Persönlicher Einsatz, Gespür für neue Märkte und eine Portion Glück zeichnen die Top-Unternehmer aus." Auf Rang 13: Douglas-Chef Jörn Kreke.

Mitarbeiter gelten in vielen Unternehmen vor allem als Kostenfaktor.

Das sehen wir ganz anders. Im Facheinzelhandel sind die Menschen das Wichtigste, nicht die Systeme. Wenn die Kunden das Menschliche nicht erleben, dann sind wir nichts weiter als ein steriler Fachmarkt. Deshalb halten wir sympathische, top ausgebildete Mitarbeiter für unseren wichtigsten Erfolgsfaktor.

Mitarbeiter wollen auch Geld verdienen.

Das sollen sie auch. Wir zahlen faire, meist über Tarif liegende Löhne. Aber da wir in so vielen Sparten mit unterschiedlichen

Anforderungsprofilen tätig sind, gibt es keine einheitlichen Vergütungen. Wir versuchen, unsere Mitarbeiterinnen und Mitarbeiter über das Grundgehalt hinaus auf unterschiedliche Weise am Erfolg des Unternehmens zu beteiligen. Dafür gibt es eine Fülle von verschiedenen Prämiensystemen. Einige, wenn auch leider noch relativ wenige, nehmen regelmäßig unsere jährlichen Angebote an, Belegschaftsaktien zu einem Vorzugspreis zu erwerben.

Sie gelten als ein Unternehmen, das überdurchschnittlich ausbildet.

Zu Recht. Als der Handel Lehrstellen abbaute, haben wir die Zahl der Auszubildenden erhöht. Wir bilden deutlich über den Bedarf hinaus aus. Wenn irgend möglich, möchten wir natürlich, dass unsere Auszubildenden später auch bei uns arbeiten. Wenn das mal nicht sofort klappt, dann kommen sie oft einige Jahre später zu uns zurück.

Lehrlinge, die bei uns anfangen, haben alle ein Schnupperpraktikum hinter sich. Deswegen gibt es auch nur wenige Flops. Zudem vermitteln wir unseren Führungskräften, dass es sich bei der Ausbildung um eine wichtige gesellschaftliche Verantwortung handelt. Wer nicht ausbildet, sollte ganz besondere Gründe oder ein schlechtes Gewissen haben.

Die meisten Auszubildenden werden bei uns übernommen. Wir wissen aber auch, dass wir nicht alle Azubis nach der Ausbildung beschäftigen können. Doch wir sind ganz sicher, dass sie mit einer Ausbildung von Douglas woanders eine Stelle finden. Denn auch der Wettbewerb weiß, dass wir uns mit der Ausbildung Mühe geben. Wenn unsere Auszubildenden fertig sind und rausgehen, sind sie fit.

Dass wir auch viele junge Migrantenkinder ausgebildet haben, hatte übrigens – wie sich später zeigte – einen tollen Nebeneffekt: Als wir beispielsweise in Polen oder in der Türkei die ersten Filialen eröffneten, konnten wir junge, gut ausgebildete und zweisprachige Damen dort hinschicken. Unsere Läden waren deshalb von Anfang an auf Douglas-Niveau. Das hat viele Erklärungen und lange Diskussionen überflüssig gemacht.

In Ihrem Unternehmen spielen die Gewerkschaften so gut wie keine Rolle. Haben Sie das so gewollt, war das Ihr Ziel?

Wir haben nichts gegen Gewerkschaften. Doch in unserer verzweigten Unternehmensgruppe mit vielen kleinen Filialen sind sie in der Tat nicht besonders stark vertreten. Allerdings sind zwei hochrangige Verdi-Vertreterinnen gemäß Mitbestimmungsgesetz in unserem Aufsichtsrat.

Natürlich kommt es vor, dass Mitarbeiter sich bei der Gewerkschaft über irgendwas beschweren, und oftmals auch zu Recht. Wenn ich während meiner aktiven Zeit darüber informiert wurde, dass die Mitarbeiter tatsächlich nicht fair behandelt worden sind, habe ich den zuständigen Bereichsleiter angerufen und ihn aufgefordert, sich bei den Mitarbeitern der Filiale zu entschuldigen und die Sache in Ordnung zu bringen. Wenn er sich sträubte, weil er persönlichen Gesichtsverlust befürchtete, habe ich angedeutet, er könne alternativ auch gerne das Unternehmen verlassen. Spätestens dann fiel der Groschen, dass wir es mit unseren Führungsgrundsätzen ernst meinen. Und so was spricht sich sehr schnell rum.

Dann merken alle, dass unsere Führungsgrundsätze eingehalten werden müssen. Und die Mitarbeiter lernen, dass sie sich unfaires, arrogantes oder ungerechtes Verhalten nicht gefallen lassen müssen.

Es gibt Familienbetriebe, die alles tun, um die Gewerkschaften draußen zu halten.

Das ist für uns kein Thema. Probleme entstehen immer dann, wenn Mitarbeiter das Gefühl haben, dass sich niemand um sie kümmert. Von Vorgesetzten verlangen wir, dass sie mit ihren Leuten vernünftig umgehen, fair – möglichst über Tarif – bezahlen, gute Leistungen anerkennen und eine positive Stimmung verbreiten.

Sie haben auch keinen Konzernbetriebsrat.

Nein. Allerdings gibt es im Aufsichtsrat die gesetzlich vorgeschriebene Arbeitnehmermitbestimmung. Bei uns sind das sechs tüchtige und gestandene Mitarbeiterinnen sowie zwei von außen kommende Gewerkschaftsvertreterinnen. Wir kommen gut miteinander zurecht, weil wir den kooperativen und auf Fairness basierenden Führungsstil überall im Unternehmen und natürlich auch im Aufsichtsrat praktizieren.

Wenn unsere Mitarbeiter und Mitarbeiterinnen einen Betriebsrat haben möchten, dann sollen sie einen wählen; wenn nicht, dann können sie es auch lassen. Bei Thalia und in mehreren Filialen anderer Gesellschaften haben wir Betriebsräte.

Wir versuchen, das Unternehmen so zu führen, dass Entscheidungen möglichst schnell und unkompliziert getroffen werden. Damit reduziert sich das Konfliktpotenzial auf ein Minimum. Das wird auch von den Gewerkschaftsvertreterinnen anerkannt und respektiert.

Eine Übernahme würde also nicht daran scheitern, dass ein Unternehmen einen Betriebsrat hat?

Nein, viele Unternehmen, die wir im Laufe der Jahre übernehmen konnten, hatten und haben weiterhin Betriebsräte. An der betrieblichen Mitbestimmung ist nur eine einzige Übernahme gescheitert, nämlich vor einigen Jahren der Erwerb der Buchhandelsabteilungen von Karstadt. Dort gab es sage und schreibe über 150 verschiedene Betriebsvereinbarungen. Da blickte keiner von uns mehr durch, deshalb wären Konflikte programmiert gewesen.

Douglas beschäftigt, wie alle Einzelhandelsunternehmen, viele Frauen. Haben die eine echte Chance, in Führungspositionen aufzurücken – bis hin zu Vorstand?

Zunächst einmal besteht der Aufsichtsrat der DOUGLAS HOLDING zu 50 Prozent aus Frauen. Darüber hinaus wollte ich noch vor meinem Ausscheiden als Vorstandsvorsitzender Frauen den Sprung in die obersten Führungsgremien der operativen Gesellschaften ermöglichen. Denn es war damals in der Tat nicht so leicht, Frauen an gestandenen Männern vorbei ganz nach oben zu befördern.

Losgehen sollte es mit der Berufung einer Frau in die Geschäftsführung des besonders wichtigen Parfümeriebereichs. Doch die Herren Geschäftsführer blockierten. Es gäbe keine Notwendigkeit für eine solche Maßnahme. Gegen deren geschlossenen Widerstand war jede Berufung chancenlos. Die Dame wäre binnen kürzester Zeit „verschlissen" worden.

Dennoch wollte ich nicht aufgeben. Das war für mich zu einer Frage meiner Glaubwürdigkeit geworden. Deshalb habe ich nach dem Widerstand des Parfümeriebereiches unverzüglich in unserem Aufsichtsrat dafür geworben, die erst kurz vorher von Hapag-Lloyd zu uns ins Controlling übergewechselte Frau Gabriele Traude-Stopka im Jahr 2000 als Nachfolgerin von Dr. Thomanek in den Konzernvorstand zu berufen. Das wurde dann auch einstimmig so beschlossen.

Dieses Signal wurde von allen im Konzern verstanden. Die Beförderung hoch qualifizierter Frauen in unsere obersten Führungsgremien ist seitdem kein Thema mehr.

8.
Faszination Handel

»Unsere Kunden sollen mit allen Sinnen genießen«

Der junge Jörn Kreke war von dem, was Herbert Eklöh tat, fasziniert: anderen Menschen etwas zu verkaufen. Und die „Faszination Handel“ ließ ihn nie wieder los. Weil Jörn Kreke besser verstand als andere, sich in den Konsumenten hineinzuversetzen, seine Wünsche zu erahnen und bei ihrer Erfüllung zu helfen, wurde aus dem Süßwarenhändler Hussel ein führender europäischer Fachgeschäftskonzern.

Kein Wunder, dass Krekes Wort in der Branche Gewicht hat. Und er gab seine Erfahrungen und Erkenntnisse gerne weiter: an Einzelhändler, an Fachjournalisten oder an Marketingstudenten. Jörn Krekes Einzelhandels-Credo lässt sich in vier Punkten zusammenfassen.

Erste Kreke-Regel: Wer mit einem Fachgeschäft Erfolg haben will, der braucht ein unverwechselbares Profil mit klar definiertem Sortiment. Das Fachgeschäft muss mit dem Ladenauftritt zur Marke werden – örtlich, regional bundesweit oder europaweit.

Zweite Kreke-Regel: Der Kunde muss nicht nur wissen, was ihn in einem bestimmten Geschäft erwartet. Seine Erwartungen müssen erfüllt, möglichst sogar übertroffen werden. Für Glaubwürdigkeit gibt es demnach keinen Ersatz.

Dritte Kreke-Regel: Im Wettbewerb mit Discount-Märkten und dem Internet muss das Fachgeschäft einen exzellenten Service bieten. Weil aber nur zufriedene Mitarbeiter auch zufriedene Kunden produzieren, kommt es ganz wesentlich auf die Schulung und Führung der Mitarbeiter an.

Vierte Kreke-Regel: Das Fachgeschäft muss ein positives Lebensgefühl vermitteln. Das Angebot, das Ambiente und der Service müssen faszinieren. Das Geschäft wird zur Bühne – mit den Kunden und Mitarbeitern als Hauptdarstellern.

Charles Revlon, der Begründer des Kosmetikkonzerns Revlon, hat immer gesagt, er verkaufe „hope“ statt „soap“, also nicht einfach Seife, sondern Hoffnung auf Schönheit. Was verkauft der Lifestyle-Konzern Douglas?

Ein Wohlgefühl, weil man sich selbst oder jemand anderem eine Freude machen möchte.

Bleiben wir beim Handel im Allgemeinen. In der Branche sagt man Ihnen nach, Sie hätten einen besonderen Sinn für Luxus, für Premium-Marken, für das Bedürfnis der Menschen, sich selbst zu verwöhnen.

Viele Kunden, die in unsere Geschäfte kommen, wollen sich oder andere etwas verwöhnen. Deshalb sollte der Einkauf möglichst zu einem angenehmen Erlebnis werden. Sinne und Emotionen sollten angesprochen werden. Wir wollen, dass unsere Kunden in eine positive Kaufstimmung versetzt werden. Das ganze Paket aus Einrichtung, Bedienung, Werbung und Service muss selbst zu einer Marke werden. Nur Ware in Regale zu stellen und zu hoffen, dass jemand etwas kauft – das reicht nicht.

In den Buchhandel sind Sie 1979 mit dem Erwerb von „Montanus aktuell“ eingestiegen. Montanus verstand sich damals als eine Art Boulevard-Buchhandlung. Das kann man heute von Thalia gewiss nicht sagen.

Im Buchhandel sind wir ein ernst zu nehmender Anbieter geworden, mit Top-Sortimenten und ständigem Bemühen, die Beratung besser zu machen als andere. Für Buchhändler der klassischen Art ist aktives Verkaufen nicht unbedingt das Wichtigste. Sie sehen sich anders. Wir legen auf unaufdringliches, aktives Verkaufen besonderen Wert. Ich glaube, dass wir uns da Schritt für Schritt einen Kompetenzvorsprung erarbeitet haben. Das war und ist ein Riesenkraftakt und hat viel Mühe und Geld gekostet.

Doch wir sind überzeugt, dass es gut angelegtes Geld ist. Deswegen reagieren wir nicht auf Kritiker, die behaupten, eine Buchhandlung mit einem Konzept wie Thalia sei schlecht für die Branche. Ich glaube, genau das Gegenteil ist der Fall. Wo finden Sie denn ein so breites und tiefes Sortiment mit oftmals so freundlichem, kompetentem Service wie in unseren großen Thalia-Läden?

Worin genau besteht der Kompetenzvorsprung von Thalia?

Die Läden müssen Aufenthaltsqualität haben, denn die Kunden bleiben ja nirgends länger als nötig, wenn sie sich nicht richtig wohlfühlen und ihr Interesse nicht geweckt wird. Wir machen das in unseren Buchhandlungen mit Leseecken, mit geschultem Personal, mit Fachabteilungen, unter anderem für englische Bücher, Kinderbücher, Gesundheit, Theologie, Computer-Science, Reisen und so weiter. Wenn eben möglich, auch noch mit einem eigenen Café.

Unser Konzept erfordert allerdings eine bestimmte Umsatzgröße. Bevor wir einen Laden mieten, fragen wir uns deshalb zunächst einmal, ob wir an diesem oder jenem Standort überhaupt den nötigen Umsatz machen können und was wir tun und bieten müssen, um uns deutlich von den Konkurrenten zu unterscheiden.

Gibt es so etwas wie eine Douglas-Handschrift bei allen Ihren Geschäften, auch bei Schmuck und bei Mode?

Dazu gehört neben einer Vielzahl von Kleinigkeiten vor allem der Wille, mit Ladenbau, Sortimentskompetenz, Beratung und Service ganz vorne zu sein. Viele Laien meinen, Handel könne doch so schwer nicht sein. Die würden sich wundern, wenn sie wüssten, was alles dahintersteckt.

Zudem ist Douglas anders als viele andere Handelsunternehmen. Wir haben eine ganz eigene Firmenkultur. Das eine ist die unternehmerische Einzelhandelsprofessionalität, das andere die gelebte und nach innen und außen wirkende Kultur. Die muss immer wieder revitalisiert werden. Deshalb haben Schulung und Weiterbildung bei uns einen so hohen Stellenwert. Das gilt für alle Vertriebslinien im In- und Ausland.

Man muss auch sehen, dass sich das Verhalten der Verbraucher ständig verändert. Sie sind heute besser informiert als früher, kommen aber trotzdem gern dorthin zurück, wo sie sich wohlfühlen und Angebot und Mitarbeiter kennen. Allerdings sind das kaum noch Stammkunden im früheren Sinne; denn die Kunden vagabundieren. Sie kaufen überall. Man muss schon strampeln und sich was einfallen lassen, damit sie wiederkommen und auch kaufen.

Und wie hält man „vagabundierende" Kunden bei der Stange?

Natürlich sorgen wir mit Werbung, Kundenkarten und vielen anderen Maßnahmen dafür, dass unsere Kunden möglichst oft an uns erinnert werden. Zudem führen wir ständig Kundenbefragungen durch zur Servicequalität und Angebotskompetenz. Von professionellen Instituten bekommen wir regelmäßig ganz präzise Rückmeldungen. Ich glaube, viele unserer Kunden fühlen sich als unsere Stammkunden, selbst wenn sie gar nicht allzu oft in unsere Läden kommen. Und wenn sie dann wiederkommen, dürfen sie nicht enttäuscht werden. Im Gegenteil: Ihre Erwartungen müssen übertroffen werden. Da sind in erster Linie unsere Mitarbeiter vor Ort gefordert. Für die geht es darum, aus den vielen Besuchern unserer Läden auch kaufende Kunden zu machen.

Mit Heidi Klum haben Sie ja für Ihre Parfümerien eine äußerst attraktive Werbe-Ikone.

Ja. Sie hat das über viele Jahre höchst erfolgreich gemacht. Ihre Erscheinung und ihre Art haben besonders gut zu Douglas gepasst.

Haben Sie noch andere Prominente, die für Douglas werben?

Im Schmuckbereich werben wir mit Jette Joop, für den von ihr selbst entworfenen, modisch aktuellen Schmuck, der bei Christ exklusiv vermarktet wird. Sie ist eine sympathische Persönlichkeit, die ebenfalls sehr gut ankommt.

Jette Joop hat die Tatsache, dass sie Sie kennengelernt hat, einmal als den „entscheidenden Moment" ihrer Karriere bezeichnet.

Da übertreibt sie wohl ein bisschen. Sie hatte gute Ideen, brauchte aber zu der Zeit etwas Unterstützung in ihrem jungen Unternehmerleben.

Frau Joop behauptet, der Schlüsselsatz für ihr weiteres Leben sei Ihr Ausspruch gewesen: „Und verkaufen sollen sich die Sachen auch."

Das kann gut sein. Jedenfalls habe ich auf sie eingewirkt, sich nicht zu verzetteln, und ich unterstützte sie bei ihrer Suche nach einem qualifizierten Wirtschaftsprüfer und bei ihren Bankverhandlungen. Ihre Pläne sollten nicht an einem Kredit für die Warenbeschaffung scheitern. Sie war mir sympathisch, und als die Geschäftsführung von Christ dann auch Feuer fing, begann die beiderseitig erfolgreiche Zusammenarbeit. Frau Joop ist hochgradig kreativ, die Ideen sprudeln nur so aus ihr heraus. Das ist großartig, solange sie nicht den Fokus verliert. Ich konnte ihr vielleicht die eine oder andere Anregung geben, damit sie nicht die gleichen Fehler macht wie ich in meinen Anfangsjahren.

„Meine persönlichen Helden sind unter anderem mein Vater und Jörn Kreke von der DOUGLAS HOLDING", beantwortet die bekannte Mode- und Schmuckdesignerin Jette Joop einen Fragebogen der „Deutschen Welle“. Ähnliche Aussagen findet man in beinahe allen Interviews von ihr und in den Publikationen über sie. Jörn Kreke muss bei ihr einen nachhaltigen Eindruck hinterlassen haben.

„Der entscheidende Moment Ihrer Karriere war ...?“ lautet eine Frage im Fragebogen des „SchulSPIEGEL“. Jette Joop antwortet prompt: „Der Besuch von Dr. Jörn Kreke von der DOUGLAS HOLDING in meinem Atelier in Hamburg.“

Auch wenn Jörn Kreke die Bedeutung dieser Begegnung herunterspielt: Für Jette Joop war sie der Durchbruch zu einer Karriere als eine der erfolgreichsten deutschen Designerinnen. Inzwischen hat sie ihr Unternehmen und das Label JETTE erfolgreich im Markt etabliert. Damals aber, 1998, war das noch keineswegs sicher. Gründlich gescheitert war nämlich ihr eigener Lebensplan, einmal in die Firma ihres Vaters einzusteigen. Vater Wolfgang hatte seine Namensrechte verkauft und damit nicht nur seinen Namen, sondern auch ihren.

In dieser Zeit wurde Jette Joop im Fernsehen interviewt und durch Zufall von Gisela Kreke entdeckt. Sie empfahl ihrem Mann, Jette Joop doch einmal in Hamburg zu treffen, und danach ging es dann Schlag auf Schlag. Inzwischen verkaufen sich Jette Joops „Sachen“ bestens, ihre „Traumfängerketten“ ebenso wie die von ihr kreierten Duftwässer. Jette Joop: „Montags erhalte ich die Hitliste von Christ: Wenn meine Schmuckstücke in Herzform die vorderen Plätze belegen, dann liefere ich natürlich weiter Herzstücke. Frauen wollen Herzen, so einfach ist das.“ („Stern“ vom 5. Juli 2008)

Das Weihnachtsgeschäft ist für den Einzelhandel von zentraler Bedeutung und sicherlich auch für die Douglas-Parfümerien, für Christ, die Thalia-Buchhandlungen und für die Hussel-Süßwarengeschäfte.

So ist es.

Nun kritisieren die Kirchen jedes Jahr, das Fest werde durch den Weihnachtsrummel des Einzelhandels seines Inhalts entleert. Stört Sie das?

Weihnachten ist nun mal eine Zeit, in der weltweit Geschenke gekauft werden. Gott sei Dank ist das so, denn ohne das Weihnachtsgeschäft sähe es für große Teile unserer Wirtschaft schlecht aus. Während dieser Zeit möchten die Leute emotional angesprochen werden. Diesem Wunsch versuchen die Kirchen mit Gottesdiensten, die Gemeinden mit Weihnachtsmärkten und wir mit Geschenkideen so gut es eben geht Rechnung zu tragen. Kirchenbesuche einerseits und angenehme Shoppingerlebnisse andererseits schließen sich meines Erachtens überhaupt nicht aus.

Stattdessen sollten die Kirchen überlegen, was sie selbst tun können, damit wieder mehr Menschen in die Gotteshäuser kommen. Wir unterstützen und fördern deren Aktivitäten und Initiativen. Deshalb bin ich zum Beispiel seit 20 Jahren Kuratoriumsmitglied in der Evangelischen Stiftung Volmarstein, der größten deutschen Institution für körperlich schwerstbehinderte Menschen. Douglas und ich unterstützen und fördern sehr gern diakonische und andere ökumenische Projekte. Doch wenn die Kirchen den Leuten einreden wollen, den Weihnachtsrummel zu meiden und keine Geschenke zu kaufen, um ihren Lieben damit eine Freude zu machen, dann halte ich das aus ökonomischer Sicht für kontraproduktiv und falsch.

Die Kirchen beklagen außerdem, ebenso wie die Gewerkschaften, dass sonntags immer mehr Geschäfte öffnen.

Wir sehen das völlig unideologisch. Wir überlassen unsere Öffnungszeiten weitgehend unseren Leuten vor Ort. Die müssen sich dem örtlichen Wettbewerb anpassen. Es wird dann geöffnet, wenn die Kunden kommen, doch das ist meines Wissens – außer in unseren Bahnhofsfilialen – nirgendwo an Sonntagen zwischen 9.00 Uhr und 11.00 Uhr der Fall. Wir können es uns auch gar nicht leisten, unsere Läden offen zu halten, wenn es sich nicht rechnet. Der Gesetzgeber sagt ja auch: „Ihr könnt öffnen" und nicht: „Ihr müsst öffnen."

Wir sollten es in unserem liberalen Staat den Kirchen, den Kaufleuten und den Menschen überlassen, es so zu machen, wie sie es wollen. Natürlich wäre es für uns im Handel schön, wenn es in den Innenstädten bestimmte Kernzeiten gäbe, um für die Kunden berechenbar zu sein. Das ist leider noch nicht überall der Fall, doch die Entwicklung geht auf freiwilliger Basis langsam in diese Richtung. Das ist gut so, aber bestimmt nicht Sache des Gesetzgebers.

Bei manchen Einzelhändlern hat man den Eindruck, sie versuchten mit Gewalt, aus Ostern ein zweites Weihnachten zu machen – jedenfalls was Geschenke und Konsum angeht.

Das ist hoffnungslos. Ostern ist ein Fest für kleine Geschenke, insbesondere für Süßwaren. Das ist mit dem branchenübergreifenden Weihnachtsgeschäft überhaupt nicht zu vergleichen.

In Amerika wird ja zu jedem Anlass – ob Valentinstag oder Schulanfang – ein „Sale" oder „Ausverkauf" veranstaltet.

Das mit dem „Sale" und „Ausverkauf" muss von guten Fachgeschäften sehr behutsam gehandhabt werden, um nicht die Glaubwürdigkeit bei ihren Kunden zu verlieren. Deshalb machen wir meistens nicht mit, denn wir sind keine Billiganbieter und stellen den Preis nicht so in den Vordergrund wie Discountgeschäfte. Doch natürlich nutzen wir diese Anlässe, um mit originellen Marketing-Aktionen Kaufimpulse auszulösen.

Wie wird sich der Einzelhandel in den nächsten zehn Jahren weiterentwickeln?

Der Handel über das Internet wird weiter an Bedeutung gewinnen, doch das stationäre Geschäft bleibt die wichtigste Säule des Einzelhandels. Das Thema Erlebniseinkauf wird noch größer geschrieben werden, vor allem in den Innenstädten. Es werden mehr Leute in die Städte zurückziehen, insbesondere ältere Leute, die ihre Häuser draußen verkaufen, weil in den Städten mehr Lebensqualität geboten wird.

Das klappt natürlich da am besten, wo dieser Trend von den Städten professionell und konsequent aufgegriffen wird.

Es ist ja auch deutlich zu sehen: Die Abwanderung der Geschäfte auf die grüne Wiese ist nicht nur gestoppt; der Trend hat sich inzwischen wieder zugunsten der Innenstädte gedreht. Die Leute haben Zeit, sie gehen in die City oder in große, innenstadtnahe Einkaufszentren, weil sie dort Abwechslung haben und unterhalten werden.

So ist gerade in Frankfurt das neue Zeil-Einkaufszentrum im Herzen der Stadt eröffnet worden. Daran und an vielen weiteren Beispielen zeigt sich, dass seit einigen Jahren Einkaufszentren höchst erfolgreich mitten in die Innenstädte integriert werden. Dieser Trend wird anhalten. Ich bin sicher, dass wir da erfolgreich mitmischen können. Mit unserem Geschäftsmodell, möglichst individuell auf die Kunden einzugehen und uns flexibel an die jeweilige Marktsituation anzupassen, werden wir auch weiterhin erfolgreich sein.

Und wie sieht Ihr persönlicher „10-Jahres-Plan“ aus?

Vorausgesetzt, der liebe Gott meint es gut mit mir und erhält mir Gesundheit und Lebensfreude, dann möchte ich gerne mehr Zeit mit unseren prächtigen acht Enkeln verbringen. In den nächsten Ferien gehen wir alle gemeinsam auf eine Fotosafari in die Kalahari. Diese Gelegenheit möchte ich nutzen, um ihnen etwas von Faszination, Chancen und Freuden meines Unternehmerlebens zu vermitteln. Vielleicht kann da schon eine kleine Weichenstellung für die Zukunft erfolgen. Zudem möchte ich – so wie bisher – mit meiner Frau die Welt bereisen, öfter mit guten Freunden Golf spielen und schöne Frühjahrs - und Herbsttage in Andalusien verbringen, So richtig langweilig wird es also ganz bestimmt nicht, auch weil ich mich weiterhin sehr gern um meine diversen unternehmerischen Beteiligungen kümmern möchte; allerdings zunehmend auf dem Beifahrer- oder Rücksitz.

9.
Die wichtigsten Firmenereignisse in der Ära Jörn Kreke

»Handel heißt Wandel«

Es ist eine Binsenweisheit, dass im Einzelhandel nur überlebt, wer sich ständig den wechselnden Bedürfnissen der Kunden und den Veränderungen der Märkte anpasst. Bei Hussel beziehungsweise Douglas kam und kommt noch eine weitere Flexibilität hinzu: Das Unternehmen war immer sehr experimentierfreudig, wenn es um den Einstieg in neue Bereiche des Einzelhandels ging. War die Diversifikation jedoch nicht nachhaltig erfolgreich, wurden Beteiligungen auch wieder abgestoßen. Dass Handel gleichbedeutend ist mit Wandel, macht die folgende Übersicht der wichtigsten Übernahmen und Verkäufe ebenso deutlich wie die chronologischen Hinweise auf einige besondere Firmenereignisse.

1963
Herbert Eklöh übernimmt die Aktienmehrheit der Hussel AG;
Kauf der Kaiser-Süßwarenfilialen in der Schweiz
(später Confiserie Feller).

1969
Einstieg ins Parfümeriegeschäft durch Erwerb der
Hanhausen-Parfümerie- und Seifengeschäfte in Braunschweig.

1970
Übernahme der sechs renommierten Douglas-Parfümerien
in Hamburg.

1971–1973
Erwerb von ca. 40 regional führenden Parfümerien in deutschen Groß- und Mittelstädten u. a.: Parfümerie Gehlsen in Hamburg, Parfümerie Schlüssel in Köln, Hopf in Detmold, Tillmann in Darmstadt sowie als ersten Schritt ins Ausland die marktführende Parfümerie Ruttner in Wien.

1972
Umsetzung der Holding-Struktur; Einstieg ins Lebensmittel-Discountgeschäft durch Erwerb des Filialbetriebs Kupa in Erlangen.

1973
Umfirmierung aller Parfümerien auf „Douglas“.

1974
Start der Drogeriemarktkette Fuchs; 50-Prozent-Beteiligung am Schmuck-Spezialversender Braun + Goll; Mehrheitsbeteiligung an dem Lebensmittel-Unternehmen Micron Corp. in Salt Lake City, Utah (USA).

1975
Kauf der Lebensmittelkette „Für Sie Discount“ in Bremerhaven.

1976
Umbenennung in Hussel Holding AG; Liquidation der Micron Corp.; Erwerb von 75 Prozent am Lebensmittel-Filialisten Wandmaker in Tellingstedt/Holstein.

1978
Erwerb von 75 Prozent des Parfümerie-Filialbetriebs IPA Brixner GmbH; Einbringung von Kupa und „Für Sie Discount“ in Joint Ventures mit der co op in Nordbayern und Bremen.

1979
Einstieg in den Buchhandel durch Mehrheitsbeteiligung an „Montanus aktuell“ und in den stationären Schmuck-Einzelhandel durch Erwerb von Uhren Weiss.

1980
Erwerb der Apollo-Parfümerien in Holland; Verkauf der Joint-Venture-Beteiligungen Kupa und „Für Sie“ an die co op AG; Mehrheitsbeteiligung an den Korvett-Drogeriemärkten in Berlin.

1981
Douglas-Start in Frankreich durch Erwerb der „Parfumerie Internationale“ in Paris.

1982
Erwerb der Bahnhofs-Buchhandelskette „Stilke aktuell“; Verkauf des Schmuck-Spezialversenders Braun + Goll; Eröffnung einer Douglas-Parfümerie in den USA.

1983
Beteiligung an den Drospa-Drogeriemärkten Berlin mit anschließender Fusion mit Fuchs und Korvett; Verkauf von Wandmaker und damit Ausstieg aus dem Lebensmittelhandel.

1984
50-Prozent-Beteiligung an „Voswinkel Schuhe + Sport“.

1986
Deutscher Marketing-Preis; Erwerb der „Er & Sie“-Parfümerien; Diversifikation in den Modebereich mit 75-Prozent-Beteiligung an AppelrathCüpper (Damenmode-Geschäfte).

1989
Umfirmierung in DOUGLAS HOLDING AG; erste Douglas-Parfümerien in Belgien und Italien; Übernahme der Universitätsbuchhandlung Phönix in Bielefeld und des Café Schucan in Münster.

1990
Übernahme der Biba Mode GmbH; Eröffnung der ersten Drospa-Filialen in der ehemaligen DDR.

1991
Douglas-Start in der Schweiz; Übernahme der Jeanskette Werdin.

1994
Verkauf der belgischen Parfümerien nach verlorenem Kartellverfahren.

1995
Mehrheitsbeteiligung an Juwelier Christ und Fusion mit Uhren Weiss; Beteiligung am Herrenausstatter Pohland.

1996
Erwerb der strategisch wichtigen Herder-Buchhandlungen in Freiburg und Münster

1997
Eröffnung der ersten Douglas-Parfümerien in Spanien; Verkauf der „Stilke aktuell"-Buchhandlungen; Henning Kreke wird Vorstandsmitglied.

1998
Douglas-Markteintritt in Portugal.

2000
Verkauf von Drospa und Confiserie Feller und damit Ausstieg aus den Sparten Drogeriemärkte und Cafés; Erwerb der Yaska-Parfümerien; Eröffnung des Douglas-Lifestyle-Hauses auf der Frankfurter Zeil; erstmalige Berufung einer Frau in den Konzernvorstand.

2001
Erwerb einer 75-Prozent-Beteiligung an den Thalia-Buchhandlungen, Hamburg; Verkauf von Werdin und Biba; Henning Kreke übernimmt den Vorstandsvorsitz; Jörn Kreke wird Aufsichtsratsvorsitzender.

Namensregister

Bildquellen

Seite IX Mitte links: Bernd Thissen/dpa

Alle übrigen Bilder stammen aus dem Archiv der DOUGLAS HOLDING AG.

Im Gespräch mit Hugo Müller-Vogg...

Christian Wulff: »Besser die Wahrheit«
HOFFMANN UND CAMPE VERLAG (Oktober 2007)
ISBN: 978-3-455-50046-2

Hartmut Mehdorn: »Diplomat wollte ich nie werdent«
HOFFMANN UND CAMPE VERLAG (Juli 2007)
ISBN: 978-3-455-50047-9

Reinfried Pohl: »Ich habe Finanzgeschichte geschrieben«
HOFFMANN UND CAMPE VERLAG (August 2006)
ISBN: 978-3-455-09567-8

Horst Köhler: »Offen will ich sein – und notfalls unbequem«
HOFFMANN UND CAMPE VERLAG (Mai 2004)
ISBN: 978-3-455-09477-0

Angela Merkel: »Mein Weg«
HOFFMANN UND CAMPE VERLAG (Juli 2005)
ISBN: 978-3-455-09538-8